controle da qualidade

O selo DIALÓGICA da Editora InterSaberes faz referência às publicações que privilegiam uma linguagem na qual o autor dialoga com o leitor por meio de recursos textuais e visuais, o que torna o conteúdo muito mais dinâmico. São livros que criam um ambiente de interação com o leitor – seu universo cultural, social e de elaboração de conhecimentos –, possibilitando um real processo de interlocução para que a comunicação se efetive.

Robson Seleme
Humberto Stadler

controle da qualidade:

as ferramentas essenciais

Rua Clara Vendramin, 58 . Mossunguê
CEP 81200-170 . Curitiba . PR . Brasil
Fone: (41) 2106-4170
www.intersaberes.com
editora@editoraintersaberes.com.br

Conselho editorial
Dr. Ivo José Both (presidente)
Drª. Elena Godoy
Dr. Nelson Luís Dias
Dr. Neri dos Santos
Dr. Ulf Gregor Baranow

Editora-chefe
Lindsay Azambuja

Supervisora editorial
Ariadne Nunes Wenger

Analista editorial
Ariel Martins

Análise de informação
Eliane Felisbino

Revisão de texto
Schirley Horácio de Gois Hartmann

Capa
Denis Kaio Tanaami

Projeto gráfico
Bruno Palma e Silva

Iconografia
Danielle Scholtz

Dados Internacionais de Catalogação na Publicação (CIP)
(Câmara Brasileira do Livro, SP, Brasil)

Seleme, Robson
  Controle da qualidade: as ferramentas essenciais / Robson Seleme, Humberto Stadler. – Curitiba: InterSaberes, 2012. – (Série Administração da Produção).

  Bibliografia.
  ISBN 978-85-65704-85-4

  1. Controle de qualidade 2. Planejamento da qualidade 3. Produtos – controle de qualidade 4. Serviços – controle de qualidade I. Stadler, Humberto II. Título. III. Série.

12-07558   CDD-658.4013

Índices para catálogo sistemático:
1. Qualidade: Gestão: Administração de empresas   658.4013

1ª edição, 2012.
Foi feito o depósito legal.

Informamos que é de inteira responsabilidade dos autores a emissão de conceitos.

Nenhuma parte desta publicação poderá ser reproduzida por qualquer meio ou forma sem a prévia autorização da Editora InterSaberes.

A violação dos direitos autorais é crime estabelecido na Lei nº 9.610/1998 e punido pelo art. 184 do Código Penal.

sumário

apresentação, 7

como aproveitar ao máximo este livro, 9

introdução, 11

PARTE 1
controle da qualidade

bases fundamentais para a qualidade

1.1 histórico da qualidade, 18
1.2 atributos da qualidade, 20

gerenciamento pelo controle da qualidade

2.1 método e ferramenta, 26
2.2 soma sinérgica do método e das ferramentas, 26
2.3 o método PDCA/Masp, 27

PARTE 2
ferramentas para a qualidade

ferramentas básicas para a qualidade

3.1 cinco sensos – 5 Ss, 38
3.2 5 Ws e 2 Hs: planos de ação e análise, 42
3.3 técnica dos cinco porquês, 44
3.4 fluxograma, 45
3.5 harmonograma, 50

ferramentas de geração de ideias

4.1 *brainstorming*, 56
4.2 *brainwriting*, 57
4.3 diagrama de afinidades, 58
4.4 *benchmarking*, 60

métodos estatísticos no gerenciamento da qualidade

5.1 ferramentas de obtenção e coleta de dados, 65

ferramentas de análise das causas

6.1 diagrama de Pareto, 88
6.2 diagrama de causa-efeito, 91
6.3 gráfico de dispersão, 93

ferramentas para análise e tomada de decisão

7.1 matriz de decisão ou matriz GUT, 100
7.2 avaliação de processos, 102

outras ferramentas para a qualidade

8.1 *design of experiments*, 110
8.2 *six sigma*, 111
8.3 gráfico de linha, 113
8.4 pesquisa, 115
8.5 símbolos, gráficos e diagramas, 115

PARTE 3
normalização da qualidade

padronização e normalização

9.1 padronização: principais características, 132
9.2 níveis de normalização, 134
9.3 international organization for standardization (ISO), 137
9.4 a ISO e os países em desenvolvimento, 138

gestão da qualidade – Normas Série ISO 9000

10.1 características da NBR ISO Série 9000, 145
10.2 ISO 26000 e NBR 16001, 160

para concluir..., 163

referências, 165

apêndice, 167

respostas, 171

sobre os autores, 181

apresentação

As organizações, de uma forma geral, conscientizaram-se de que existe a necessidade de seus funcionários terem o conhecimento necessário para a realização de bens e serviços com qualidade. Perceberam também que esse conhecimento não será obtido sem que ela mesma o promova. Por outro lado, as pessoas também já se conscientizaram de que as organizações buscam profissionais que tenham o conhecimento de operações voltadas à qualidade.

As instituições de ensino, na busca do atendimento à essas necessidades, incluíram em seus currículos disciplinas voltadas a esta área e que têm a finalidade de suprir essa lacuna, proporcionando benefícios tanto para as organizações quanto para as pessoas.

Este livro foi idealizado para dar suporte tanto às organizações quanto às pessoas e atender às necessidades das instituições de ensino no caminho da aprendizagem do aluno.

Com um texto voltado especialmente às ferramentas de controle da qualidade que transmitem ao leitor os conhecimentos a partir da base, sem perder os conceitos essenciais da qualidade, e encaminhando-o para itens de pesquisa que aprofundam o conhecimento.

Em função de sua linguagem dialógica e da forma de estruturação das aplicações representadas pelos exercícios, esta obra pode ser utilizada por diversos perfis de leitores, que vão desde o treinamento em organizações à cursos de graduação e pós-graduação nas instituições de ensino.

Os conteúdos apresentados vão de encontro às necessidades e são representados por itens que vão de conceitos básicos da qualidade (parte 1) aos sistemas de gestão da qualidade exigidos nos dias de hoje (partes 2 e 3).

Os diferenciais listados aqui vão de encontro às necessidades dos clientes, o que torna o texto e sua abordagem de suma importância através de uma leitura agradável e perfeitamente compreensível.

como aproveitar ao máximo este livro

Este livro traz alguns recursos que visam enriquecer o seu aprendizado, facilitar a compreensão dos conteúdos e tornar a leitura mais dinâmica. São ferramentas projetadas de acordo com a natureza dos temas que vamos examinar. Veja a seguir como esses recursos se encontram distribuídos no projeto gráfico da obra.

1 bases fundamentais para a qualidade

Conteúdos do capítulo
- O resumo histórico da qualidade;
- Os atributos da qualidade.

Após o estudo deste capítulo, você será capaz de:
- Ter noções sobre a evolução da qualidade;
- Identificar os atributos da qualidade na organização;
- Compreender os atributos da qualidade na organização.

Conteúdos do capítulo

Logo na abertura do capítulo, você fica conhecendo os conteúdos que serão nele abordados.

Após o estudo deste capítulo, você será capaz de:

Você também é informado a respeito das competências que irá desenvolver e dos conhecimentos que irá adquirir com o estudo do capítulo.

para saber mais

Você pode consultar as obras indicadas nesta seção para aprofundar sua aprendizagem.

síntese

Você dispõe, ao final do capítulo, de uma síntese que traz os principais conceitos nele abordados.

questões para revisão

Com estas atividades, você tem a possibilidade de rever os principais conceitos analisados. Ao final do livro, os autores disponibilizam as respostas às questões, a fim de que você possa verificar como está sua aprendizagem.

questões para reflexão

Nesta seção, a proposta é levá-lo a refletir criticamente sobre alguns assuntos e trocar ideias e experiências com seus pares.

introdução

O termo *qualidade* vem do latim *qualitate*, conceito desenvolvido por diversos estudiosos e que tem origem na relação das organizações com o mercado. As considerações que com maior recorrência se fazem a respeito desse conceito são aquelas que se referem ao atendimento das necessidades dos clientes e do padrão de produção e serviços providos pela organização.

A satisfação das necessidades das pessoas é a razão da existência da organização, a qual, portanto, deve suprir tais necessidades com produtos e serviços esperados pelos clientes e pelo mercado. Em vista disso, evidenciar os modos como se deve realizar o atendimento das necessidades dos clientes é a preocupação principal deste livro.

A qualidade é um conceito já assimilado mundialmente, mas suas ferramentas e seus métodos ainda não são plenamente conhecidos. Tal situação faz com que bons produtos não possam ser comercializados e aceitos com a qualidade esperada. Por essa razão, a aplicação das ferramentas da qualidade pelas organizações contribui para diminuir a restrição na colocação desses produtos no mercado, bem como para reduzir a longo prazo os custos dos produtos e dos processos, o que aumenta ainda mais a competitividade da organização.

A qualidade não é apenas mais uma opção das instituições, pois a concorrência utiliza metodologias e ferramentas com objetivos de extrair delas todo o potencial de melhoria e aceitação dos produtos. São ferramentas simples e muito eficazes que auxiliam o gestor na solução de problemas e ainda permitem o crescimento do ser humano em direção à melhoria da qualidade de vida, pois podem também ser utilizadas na esfera pessoal.

O propósito deste livro é, então, abordar, de forma simples e abrangente, o tema **controle e uso das ferramentas na qualidade e na produtividade**, de modo que possibilite a você a imediata aplicação tanto do método quanto das ferramentas aqui apresentadas.

Para tanto, a primeira parte da obra é destinada a introduzir o tema, de maneira a indicar a necessidade de um método para a aplicação das ferramentas e de sistematização nas aplicações dentro das organizações.

No capítulo um, será apresentado um breve histórico do surgimento da gestão pelo controle da qualidade, mostrando sua evolução histórica e definindo a visão da qualidade.

No capítulo dois, examinaremos a metodologia para a gestão pelo controle da qualidade ancorada no método PDCA de Deming e na metodologia de análise e solução de problemas (Masp), enfatizando também a importância da compreensão do método para a boa gestão. Demonstraremos, ainda, o elo entre método e ferramentas para que, em sua aplicação, os preceitos básicos da qualidade e a ordenação de sua aplicação sejam adequados.

A segunda parte do livro integrará as ferramentas da qualidade destinadas a aplicações nas mais diversas organizações (comerciais, industriais, empresariais e de serviços). Assim, as ferramentas foram divididas em grupos de aplicação, obedecendo a uma ordenação metodológica.

O capítulo três abordará as ferramentas básicas para a educação e a sistematização no ambiente de trabalho, necessárias ao gerenciamento da qualidade e da produtividade. A criatividade e a geração de ideias serão o foco do capítulo quatro, considerando que a qualidade é aplicada também para a resolução dos problemas apresentados no dia a dia nas organizações. O capítulo cinco está reservado à aplicação dos métodos científicos em qualidade, e nele são expostas ferramentas estatísticas que permitem a obtenção e o tratamento dos dados de forma adequada. O capítulo seis fará à apresentação das ferramentas de análise das causas, as quais permitem ao gestor da qualidade realizar estudos com base em fatos ocorridos. A tomada de decisão nas organizações é uma tarefa muito difícil, pois existem diversas variáveis que interferem nesse processo. Por essa razão, o capítulo sete vai se dedicar à apresentação das ferramentas que colaboram na tomada de decisão. O capítulo oito mostrará ferramentas auxiliares utilizadas na qualidade, que complementam a gestão e a análise do processo de qualidade.

A terceira parte é reservada à normalização da qualidade, que é importante, uma vez que as organizações, para venderem e serem aceitas nos diversos mercados, devem fabricar, fornecer e agir de maneira a serem reconhecidas.

Nesse sentido, o capítulo nove apresentará a importância da normalização nos processos de qualidade, e o capítulo dez, as normas para a gestão da qualidade. Já o capítulo onze tratará da norma para a gestão ambiental nas organizações, enquanto o capítulo doze abordará a norma para o trabalho de responsabilidade social. Por fim, no capítulo treze, discutem-se os critérios e os conceitos do Prêmio Nacional de Qualidade.

Esta obra contém, ainda, exercícios de aplicação, os quais pretendem dar a você uma visão geral, sistêmica e sinérgica da utilização das ferramentas de qualidade apresentadas em todo o texto. São também propostos temas de discussão ao longo do texto para estimulá-lo na reflexão sobre os conceitos e as aplicações da qualidade.

Com uma linguagem clara e de fácil assimilação, este livro é destinado àqueles que implementam e mantêm programas de qualidade em seus sistemas de produção, em seus locais de trabalho, ou que se preocupam com esse aspecto, podendo ser utilizado de forma pessoal na melhoria da qualidade de vida, uma vez que indica procedimentos que são aceitos pela maioria dos mercados e dos clientes.

parte 1
controle da qualidade

Inicialmente, para compreendermos o valor da qualidade para organizações e clientes, devemos entender a evolução desse conceito, o significado da qualidade a partir de seus atributos e o impacto que causa sobre as atividades das organizações e das pessoas.

Para facilitar a organização didática do livro, esta primeira parte é dedicada à abordagem do método, para que, na segunda parte, sejam examinadas as ferramentas propriamente ditas.

1
bases fundamentais para a qualidade

Conteúdos do capítulo

- » O resumo histórico da qualidade;
- » Os atributos da qualidade.

Após o estudo deste capítulo, você será capaz de:

- » Ter noções sobre a evolução da qualidade;
- » Identificar os atributos da qualidade na organização;
- » Compreender os atributos da qualidade na organização.

como a qualidade chegou ao que é hoje?

As organizações, ao longo de sua existência, criaram métodos e ferramentas para garantir sua manutenção no mercado. Entretanto, isso somente ocorreu em função das exigências das pessoas que compunham o mercado. Apresentamos, então, um breve histórico da qualidade com o objetivo de esclarecer como ocorreu a construção desse conceito.

1.1
histórico da qualidade

O controle da qualidade emergiu nos Estados Unidos. A história do desenvolvimento da qualidade como sistema administrativo, ou seja, integrante dos objetivos e metas das organizações, permitiu que as organizações obtivessem diferenciais competitivos, dada a utilização desse controle, conforme podemos ver na figura a seguir.

figura 1.1

desenvolvimento da qualidade como sistema administrativo

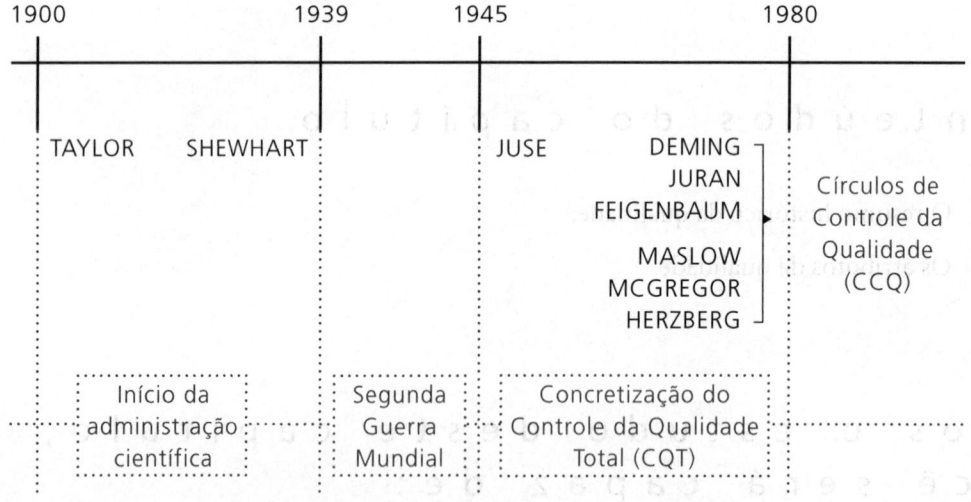

O panorama da qualidade começou com Walter Andrew Shewhart, que trabalhava para as Forças Armadas dos Estados Unidos, como estatístico, na produção da maquinaria de guerra, cujo objetivo era obter a maior qualidade possível. Shewhart praticou todos os passos que hoje se observam no desenvolvimento e na manufatura de produtos.

Como observamos na figura, a qualidade, como sistema administrativo, iniciou-se no começo do século XX e chegou até os dias atuais, com ênfase maior no pós-guerra, quando a necessidade de melhores produtos e a concorrência obrigaram as empresas a desenvolverem melhor seus bens e serviços.

Após a Segunda Guerra Mundial, o Japão se encontrava em estado de destruição, principalmente nas áreas de infraestrutura, como telecomunicações, energia e estradas. Preocupado com a reestruturação de sua economia, esse país estabeleceu uma relação de colaboração com os Estados Unidos. A troca de informações entre os japoneses e os americanos ocorreu por intermédio de Deming e Juran – que tiveram, posteriormente, o auxílio de Feigenbaum – e da União Japonesa de Cientistas e Engenheiros (Juse, sigla em inglês).

Esses encontros entre Deming, Juran e Juse ocorreram aproximadamente no início da década de 1960. Sabiamente, eles perceberam a importância de relacionar o fator técnico, que dominavam bem, com o fator humano, representado nas teorias de Maslow, Herzberg e McGregor.

Dessa forma, com a combinação de fatores técnicos e humanos, foram criados os grupos chamados de *Círculos de Controle da Qualidade* (CCQ), os quais, na realidade, eram apenas uma das ferramentas utilizadas no grande Programa de Controle da Qualidade desenvolvido no Japão pelos estudiosos americanos e pela Juse.

para saber mais

Acesse o *site* da Juse para saber um pouco mais sobre esta fundação criada no período pós-guerra e que vem auxiliando as organizações na melhoria da qualidade: JUSE – Union of Japanese Scientists and Engineers. **Create the world of higher Quality**. Disponível em: <www.juse.or.jp/e/>. Acesso em: 29 jul. 2010.

1.2 atributos da qualidade

O desejo de qualquer organização é a **sobrevivência**. Nos contratos sociais das instituições organizacionais, no que se refere ao "prazo de duração", encontramos invariavelmente a seguinte informação: "A organização foi constituída por prazo indeterminado". Isso mostra que o desejo dos investidores é o de que as organizações durem o maior tempo possível, ou que exista a possibilidade de se "perenizarem" no mercado.

Infelizmente, porém, as estatísticas de mortalidade das organizações evidenciam que esse desejo não está sendo atendido, pois percentuais elevados de instituições sucumbem em pouco tempo. Essa situação constitui-se em um problema para os investidores de um modo geral.

Dellaretti Filho e Drumond (1994), simulando um templo, ajustam os atributos da qualidade, conforme observamos na figura a seguir:

figura 1.2

os cinco atributos da qualidade

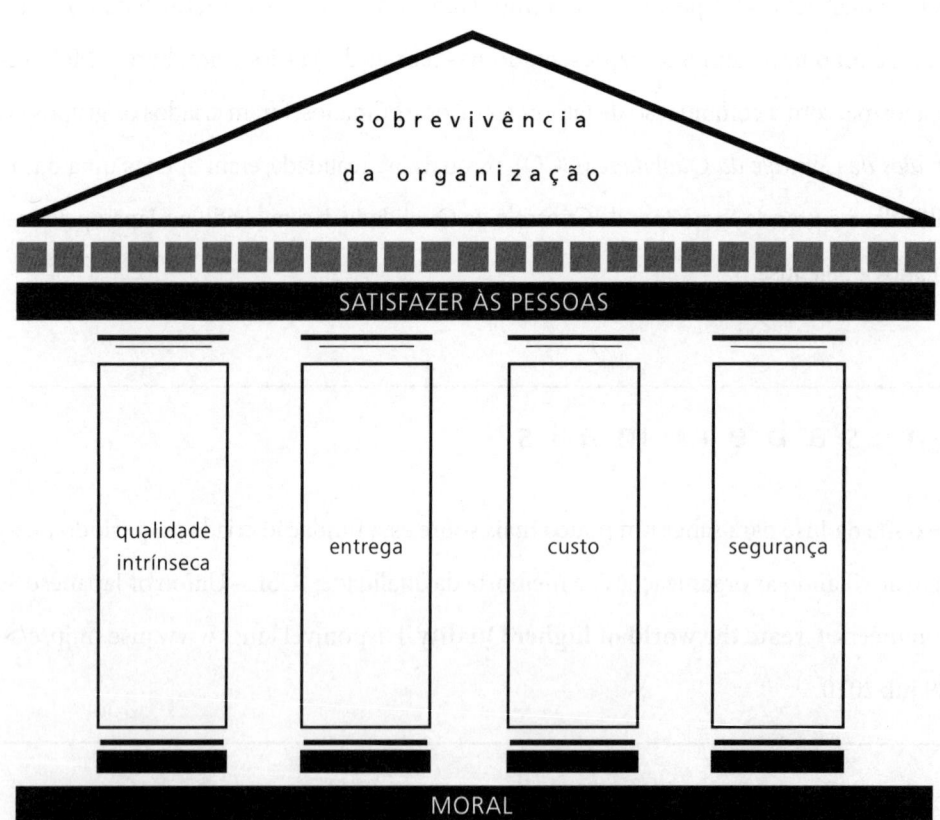

Fonte: Adaptada de DELLARETTI FILHO; DRUMOND, 1994.

A única forma de garantir a sobrevivência das organizações é buscar imprimir nelas os atributos da qualidade, os quais são: moral, segurança, qualidade intrínseca, entrega e custo, os quais descreveremos na sequência.

1.2.1
moral

Ao se tratar do moral, que denota o **estado de espírito do trabalhador**, consideramos que o colaborador deve estar inserido em um clima de motivação e boa vontade, o qual é atributo mais importante de uma organização, já que se configura como o alicerce para que os outros quatro atributos possam existir.

Por ser a base de sustentação dos pilares, ele deve ser considerado antes dos outros, de modo a preparar o trabalhador para o desenvolvimento de suas tarefas dentro dos critérios de qualidade intrínseca, entrega, custo e segurança.

1.2.2
qualidade intrínseca

Refere-se à **qualidade dos produtos ou dos serviços** da organização. O cliente deseja receber um produto ou serviço de acordo com as especificações e dentro dos parâmetros prometidos. Exemplos de qualidade intrínseca são os manuais de veículos novos, as bulas de medicamentos, os manuais de produtos eletrônicos e os cardápios de restaurantes, pois o que neles está registrado corresponde à função que o produto ou serviço deve cumprir. Em suma, qualidade intrínseca diz respeito às características inerentes aos produtos e/ou aos serviços prometidas para os clientes que os adquirem.

1.2.3
entrega

Quanto a esse atributo, os clientes esperam que as organizações cumpram três outras exigências: o produto deve ser entregue no **local certo**, na **hora certa** e com a **quantidade certa**. A não observância e o não cumprimento desse atributo, em todos os seus estágios, têm "matado" dezenas de organizações em todo o mundo. Algumas delas, hoje, embora cumpram os prazos, sofrem em decorrência do rótulo deixado pelos seus antecessores, o que podemos constatar pela observação de alguns ramos de atividade com os quais já tivemos contato. Por exemplo, o ramo da construção civil, que no passado atrasou a entrega de seus projetos, hoje ainda carrega a fama de não cumprir esses prazos. Entretanto, atualmente, o setor reavaliou seu modo de execução e a maioria dos projetos são entregues dentro do prazo acordado com o cliente.

1.2.4
custo

Quando falamos nesse critério, fazemos referência tanto ao **custo de produção** quanto ao **custo que incide sobre os consumidores**, os quais, por sua vez, analisam se o preço de venda do produto que estão adquirindo representa o custo de aquisição. Poderíamos dizer que, do ponto de vista do produtor, trata-se do custo de produção e, do ponto de vista do cliente, trata-se do custo-benefício.

Os custos devem possibilitar a sobrevivência da empresa no mercado, garantir o retorno aos investidores e fazer com que os produtos ou serviços sejam percebidos pelos clientes como algo com custo justo. Naturalmente que tanto os custos de produção quanto a percepção do custo de aquisição por parte dos clientes somente são mencionados aqui para demonstrar a importância do tópico de que estamos tratando. Como esse assunto não é o foco desta obra, não o examinaremos especificamente.

1.2.5
segurança

Esse atributo deve ser entendido tanto como **segurança interna**, no processo produtivo, quanto como **segurança externa**, traduzida como a garantia de segurança aos usuários dos produtos ou serviços. A primeira diz respeito ao modo como os bens e os serviços são produzidos internamente na organização. Exemplos desse aspecto são a postura do trabalhador em seu posto de trabalho, bem como a adequação e a certificação de equipamentos e materiais. Já na segunda devem ser consideradas as indicações sobre os potenciais e prováveis perigos do uso dos produtos. Brinquedos com peças pequenas apresentam em sua embalagem um comunicado de alerta aos consumidores quanto ao perigo de serem manuseados por crianças menores, que costumam levar tudo à boca, para citar apenas um exemplo. Devemos entender segurança também em um sentido amplo, em referência à observância das questões ambientais, o que vem sendo um forte apelo dos consumidores, independente da legislação.

Em suma, a organização só garantirá sua sobrevivência se **satisfizer aos clientes**, e o atendimento das necessidades e dos desejos dos clientes somente poderá ser garantido se forem observados os cinco atributos da qualidade em seus processos, produtos e serviços.

Síntese

A qualidade não é um assunto novo, entretanto para ser entendida devemos estudar a sua evolução. Neste capítulo você pôde perceber que os sistemas foram mais fortemente estudados a partir do início do século passado.

Os atributos da qualidade foram estruturados para trazer ao leitor uma compreensão geral das bases estudadas na qualidade nas organizações, assim o moral, a qualidade intrínseca, a entrega, o custo e a segurança foram declarados para que possa trazer satisfação aos clientes e garantir a sobrevivência da organização.

questões para revisão

1. O que é a juse e qual é a sua finalidade?
2. Quais são os atributos da qualidade que, se atendidos, permitem a sobrevivência das organizações?
3. Os atributos da qualidade podem ser utilizados para bens e serviços? Em caso afirmativo, exemplifique, identificando cada um deles em relação ao bem e ao serviço escolhido.
4. Por que o moral é a base dos atributos da qualidade?

questões para reflexão

1. Quem foi Shewhart? Descreva, em breves palavras, o que ele fez pela qualidade.
2. O que são círculos de controle da qualidade? Como funcionam dentro das organizações?
3. Há outros autores que identificam atributos da qualidade? Quais são esses atributos e para que eles servem?

2 gerenciamento pelo controle da qualidade

Conteúdos do capítulo

» A soma sinérgica das metodologias e das técnicas;
» O detalhamento das fases do Masp através do PDCA;
» O modelo sistêmico da função produção.

Após o estudo deste capítulo, você será capaz de:

» Identificar os conceitos de método e ferramenta;
» Compreender o significado de soma sinérgica;
» Reconhecer os elementos do PDCA;
» Reconhecer os elementos do Masp integrado ao PDCA;
» Identificar as áreas de aplicabilidade dos métodos e ferramentas.

As organizações devem seguir procedimentos para estabelecerem um correto gerenciamento da qualidade. Esses procedimentos são representados pelos métodos e pela adequada utilização das ferramentas. Em vista disso, este capítulo estabelece a diferença entre método e ferramenta, permitindo ao leitor a compreensão da sinergia entre esses elementos.

2.1 método e ferramenta

O bom entendimento da diferença entre método e ferramenta nos auxilia na condução dos processos organizacionais com qualidade e no gerenciamento pelo controle da qualidade. Podemos definir, então, **método** como a sequência lógica empregada para atingir o objetivo desejado, enquanto **ferramenta** é o recurso utilizado no método. Portanto, o que resolve os problemas nos processos produtivos e operacionais é o método, e não a ferramenta ou as ferramentas.

Precisamos entender o que é o método e saber utilizar as ferramentas da qualidade empregadas na obtenção de um bom gerenciamento pelo controle da qualidade.

2.2 soma sinérgica do método e das ferramentas

Embora tenhamos tido o cuidado de apontar a diferença entre método e ferramenta, nossa intenção neste capítulo é criar o elo que potencializa a utilização adequada da qualidade e propicia o uso integrado do método e das ferramentas para garantir a qualidade.

Pensamos ser de extrema importância compreendermos que, como mencionamos anteriormente, o que soluciona problemas não são as ferramentas, mas, sim, a observância do método com a correta utilização das ferramentas, ou seja, dos recursos utilizados no método.

Nesse ponto, temos, paradoxalmente, um divisor, considerando que apresentaremos inicialmente e de modo rápido os métodos para o controle da qualidade e, a partir da próxima seção, as ferramentas para o controle da qualidade. Trata-se de um paradoxo porque, na realidade, esse divisor transformar-se-á em uma **soma sinérgica**, já que a composição **método + ferramentas** traz resultados muito maiores do que simples somas matemáticas.

2.3 o método PDCA/Masp

O ciclo PDCA (**planejar, desenvolver, controlar** e **ajustar**) de Deming foi adaptado, no Brasil, por Falconi para o Masp (**metodologia de análise e solução de problemas**).

No próprio nome, o Masp apresenta como prioridade a palavra *metodologia*, tamanha é a importância do conhecimento do método para a perfeita aplicação das ferramentas (objeto do próximo capítulo).

2.3.1 o Masp e o ciclo PDCA

Como um dos elementos mais difundidos em gestão da qualidade, o ciclo PDCA, utilizado como base para o Masp, realiza nas organizações uma transformação direcionada à melhoria contínua e ao controle da qualidade total.

Consideremos então que o PDCA, como método de melhoria contínua, não esgota sua aplicabilidade com uma única utilização no processo, visto que implementa, na organização, uma cultura de melhoria que permeia todos os processos. A Figura 2.1, a seguir, mostra os elementos que o integram.

figura 2.1

ciclo PDCA em direção à melhoria contínua

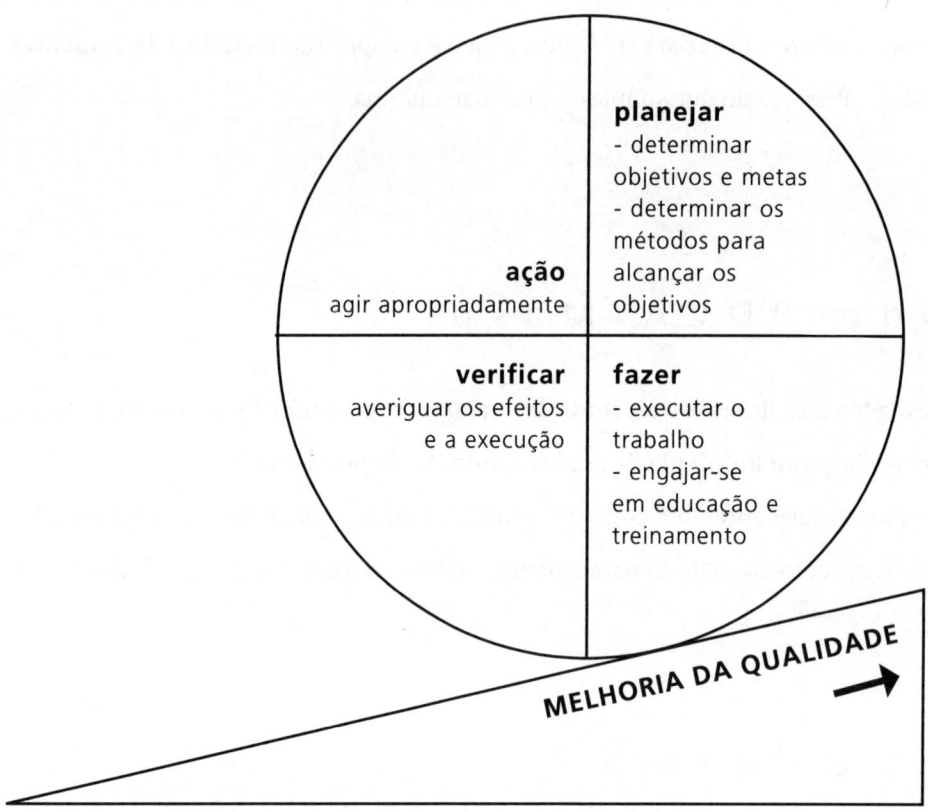

Fonte: Adaptada de FALCONI, 1994.

Como observamos na figura, o método apresenta uma sequência que, como em toda prática administrativa, começa pelo planejamento. O método está dividido, para melhor compreensão, em quatro partes, descritas a seguir:

P → *Plan*: planejar – É utilizado para se definirem os objetivos a serem alcançados na manutenção ou na melhoria dos métodos e dos processos que servirão para se atingirem as metas propostas.

D → *Do*: fazer, executar – É a realização da educação e dos treinamentos necessários à execução das atividades que servirão para se atingirem os objetivos e efetivamente a execução das atividades que compõem os processos e a realização da manutenção e das medições da qualidade.

C → Check: verificar – É a averiguação dos resultados das atividades executadas, comparando-se as medições realizadas com os objetivos estabelecidos. Procede-se, portanto, à análise em direção à melhoria.

A → Action: agir – Em função da análise anterior, essa parte compreende a realização das correções dos desvios apresentados em relação aos objetivos e a eliminação de problemas de acordo com os parâmetros já definidos ou, se necessário, com novos padrões estabelecidos.

Na realidade, o movimento cíclico do PDCA pode identificar novos problemas ou avanços a cada ciclo realizado, com vistas à melhoria contínua. Isso se deve ao fato de que muitos problemas somente são visíveis após a realização de um ciclo anterior. Por exemplo, o real problema apresentado na deformação de um material plástico, danificado na ocasião de seu manuseio, poderia ser uma falha na própria resistência do material, em vez de um manuseio inadequado.

Se o ciclo PDCA segue em direção à melhoria contínua, o Masp o utiliza para realizar a análise do problema e para validar a solução proposta, quando de sua formulação. O esquema representado no Quadro 2.1, a seguir, apresenta os passos que devem ser seguidos nessa aplicação.

quadro 2.1

esquema para aplicação do Masp

método de análise e solução de problemas	P	1	identificação do problema
		2	observação
		3	análise para descobrir causas
		4	plano de ação
	D	5	ação para eliminar as causas
	C	6	verificação da eficácia da ação
		?	bloqueio foi efetivo
	A	7	padronização
		8	conclusão

Fonte: Adaptado de FALCONI, 1994, p. 117.

Nesse esquema, foi utilizado o ciclo PDCA para direcionar as ações a serem realizadas no Masp, as quais estão desdobradas em oito fases, descritas na sequência.

1ª fase: Identificação do problema – Um problema é identificado por uma não conformidade ou desvio em relação ao objetivo planejado. As formas mais frequentes de identificação são:

» dimensão da qualidade não cumprida, traduzida pelas vontades ajustadas entre o fornecedor e o cliente;

» reclamações dos clientes;

» reclamações dos prestadores de serviços, que podem identificar problemas antes mesmo que cheguem aos clientes;

» avaliação da concorrência, que deve permitir melhorias contínuas no processo de forma que os clientes, ao realizarem as comparações entre serviços e produtos, possam identificar a melhor relação custo-benefício.

É preciso definir com clareza a importância da solução do problema para a organização. Se existirem questões mais urgentes a serem resolvidas, é necessária a concentração, primeiramente, na resolução desses problemas, os quais devem ser hierarquizados por ordem de importância. A análise deve indicar quais são as causas vitais e separá-las para a aplicação do método.

2ª fase: Observação – É uma fase de investigação. Então, se o problema ocorrer novamente, a organização deve realizar os registros de todos os detalhes, medindo todas as irregularidades possíveis, pois é dessa fase que são obtidos os dados para a análise do problema.

3ª fase: Análise para descobrir as causas – Todas as sugestões são importantes, pois podem contribuir para a identificação das causas. Nesse caso, as ideias devem ser aceitas e registradas. Algumas ferramentas, tais como o diagrama de Ishikawa e as cinco perguntas instigadoras (os cinco "porquês"), auxiliam nessa descoberta. Passa-se então para a escolha das causas mais prováveis, momento em que se dá a formulação de hipóteses que possam justificar a ocorrência do problema.

Na verificação das hipóteses mais prováveis, algumas delas são confirmadas e outras não, e estas últimas, por sua vez, são descartadas. As primeiras devem receber aprofundamento, sendo testadas para que se verifique se as causas escolhidas realmente são as responsáveis pelo problema, ou seja, se, quando se atua sobre elas, seus efeitos são eliminados ou minimizados.

4ª fase: Plano de ação – A partir da identificação, da observação e da análise do problema, são planejadas as contramedidas que deverão ser colocadas em prática para eliminar ou minimizar o problema. É preciso também reservar os materiais, o tempo e o dinheiro necessários para a ação, os quais serão utilizados para a execução do plano e a obtenção do resultado satisfatório. O plano de ação, com o uso da ferramenta 5 Ws e 2 Hs, é muito útil nessa fase.

5ª fase: Ação para eliminar as causas – Significa atuar para eliminar as causas principais dos problemas. É necessário, primeiramente, treinar todos os envolvidos na ação que realizará o bloqueio das causas. Os funcionários estão acostumados a cumprir procedimentos e o fazem quase automaticamente. O treinamento colabora para que realizem uma mudança nos procedimentos antigos e se acostumem com os novos. As atividades previstas no plano de ação devem ser executadas de forma cuidadosa e a observação dos resultados precisa ser detalhada.

6ª fase: Verificação da eficácia da ação – Uma modificação em um processo deve trazer alteração no resultado, o qual se espera que seja positivo. É averiguado também se existem efeitos secundários desejados ou não. Caso os resultados sejam positivos, devem ser registrados para utilização e padronização; se negativos ou irrelevantes, as causas devem ser novamente analisadas para obtenção de novas hipóteses. A verificação instaura a existência de um histórico do ocorrido, para que seja possível medir a eficácia da ação.

7ª fase: Padronização – É o registro documentado dos procedimentos a serem seguidos por todos os participantes, com vistas à garantia de que a causa bloqueada não mais retorne. Assim, é assegurado que os resultados obtidos pelo cumprimento dos procedimentos garantam que os resultados sejam sempre os mesmos e previsíveis. Uma organização com procedimentos padronizados evita o giro de pessoal, melhorando a satisfação no trabalho. As seguintes etapas podem ser consideradas na padronização:

1. elaboração ou alteração do padrão;
2. comunicação da existência do novo padrão e treinamento de todos os envolvidos;
3. arquivamento das cópias dos antigos padrões;
4. realização do acompanhamento da utilização do novo padrão e dos resultados alcançados.

8ª fase: Conclusão – É necessário relacionar os problemas remanescentes ou secundários, estabelecendo-se prioridades para a escolha do próximo obstáculo a ser vencido, e, finalmente, criar uma cultura de aprendizagem organizacional para que os problemas sejam resolvidos com o emprego do Masp.

Nesse sentido, a metodologia permite identificar e estabelecer parâmetros para a análise de problemas até a obtenção da solução, a qual, ao se integrar com as ferramentas, permite a aplicação prática do método.

Por essa razão, o Masp deve ser utilizado de modo sistêmico nas organizações, uma vez que sua adequada aplicação conduz à solução de problemas e à sistematização dos resultados, o que, consequentemente, poupa recursos e provê essas instituições de uma base de dados que poderá traduzir-se em diferencial competitivo de mercado.

2.3.2 aplicação nas áreas funcionais da organização

O PDCA/Masp pode ser aplicado em todas as áreas funcionais da organização (produção, finanças, recursos humanos, *marketing*, entre outras), nas quais podem ser identificadas as funções da administração: planejamento, organização, controle e direção. São observados também o ambiente interno e suas correlações externas, como clientes, bancos e acionistas, comunidade, entre outras.

Vemos, então, que o método e as ferramentas da qualidade são aplicáveis em absolutamente todas as áreas e processos organizacionais.

2.3.2.1 o modelo sistêmico da função *produção*

No item anterior, buscamos demonstrar a aplicabilidade do controle da qualidade em todas as áreas funcionais da organização. Aqui utilizaremos o Quadro 2.2 para mostrar um modelo sistêmico da função *produção*, com vistas a exemplificarmos o uso prático do método e das ferramentas.

quadro 2.2

modelo sistêmico da função *produção*

entrada	núcleo de processo			saída
know-how	PCP	engenharia do produto	engenharia do processo	produto
força do trabalho	planejamento	projeto do produto	*layout*	sucata
recursos	programação	especialização do produto	desenvolvimento do processo	novas tecnologias
informação de *marketing*	controle	especialização do processo	serviço de apoio	

Fonte: Adaptado de KWASNICA, 1984.

Cada área funcional da organização possui seu modelo sistêmico. A fim de exemplificarmos o modelo da função *produção*, vamos supor que há um problema (na saída do sistema) de sobra demasiada de algum tipo de sucata ou restos do processo produtivo.

A metodologia do Masp, com a utilização correta das ferramentas adequadas, pode nos dar respostas importantes sobre essa sobra ou perda, de modo a permitir aos gestores a criação de alternativas para a tomada de decisão que solucione o problema detectado.

Podemos ter ainda, como resultado da análise, um problema com o fornecimento da matéria-prima. Detectando tal fator com a utilização do Masp e das ferramentas, chegamos então à causa do problema, o que possibilita aos gestores uma tomada de decisão acertada.

para saber mais

Você poderá se aprofundar um pouco mais com as contribuições de Walter A. Shewhart:

SHEWHART, W. A. **Economic control of quality of manufactured product**. New York: D. Van Nostrand Company, 1931.

Síntese

Você pode perceber que a aplicação da técnica da qualidade não é suficiente para dar consistência a uma organização voltada a qualidade. Ao reconhecermos que o método e a técnica aplicadas de forma integrada representa um ganho maior do que simplesmente a soma das partes, isso se traduz na sinergia (ganho) envolvida quando de sua adequada aplicação. O ciclo PDCA foi adaptado para a resolução de problemas em um método chamado *Masp* e que auxilia as organizações na melhoria continua e no gerenciamento pelo controle da qualidade.

O modelo sistêmico da função produção pode ser utilizado como guia nas áreas nas quais é possível a aplicação dos métodos e ferramentas voltadas a qualidade, entretanto, não devem ser limitados às até aqui apresentadas.

questões para revisão

1. Qual a distinção entre método e ferramenta? Qual desses dois elementos resolve os problemas da qualidade?
2. O Masp é dividido em oito ações, que são executadas de acordo com o ciclo PDCA. Descreva:
   a. o ciclo PDCA;
   b. as ações críticas no processo;
   c. na fase de conclusão, os procedimentos para realizar o objetivo;
   d. um paralelo entre o PDCA e as funções da administração.
3. Descreva um modelo sistêmico para:
   a. projeto do produto;
   b. desenvolvimento do processo;
   c. controle.
4. O que significa soma sinérgica? Por que é importante o seu entendimento?

questões para reflexão

1. Existem outras metodologias de análise e solução de problemas?
2. Existem outros modelos sistêmicos da função *produção*?

parte 2
ferramentas para a qualidade

A importância das ferramentas para a qualidade está em sua efetiva utilização no desenvolvimento das metodologias utilizadas para a identificação e a eliminação das falhas de processo. Encontramos diversas ferramentas da qualidade, como os cinco sensos (5 Ss), os 5 Ws e 2 Hs, os cinco "porquês" e, entre as mais conhecidas, Davis, Aquilano e Chase (2001) citam as sete ferramentas básicas do controle da qualidade: a estratificação, as cartas de controle, as folhas de verificação, os gráficos de dispersão, os diagramas de causa-efeito, os diagramas de Pareto e os histogramas. Além dessas, consideramos ainda o *brainstorming*, o *brainwriting*, a NGT (*Nominal Group Technique* – técnica nominal de grupo) e outras ferramentas que podem ter aplicação prática e levar as organizações a uma melhoria considerável da qualidade.

parte 2

estratégias
para a qualidade

3
ferramentas básicas para a qualidade

Conteúdos do capítulo

- » Indicação das ferramentas básicas da qualidade;
- » Explanação e aplicação dos cincos sensos;
- » Explanação e aplicação dos 5Ws e 2Hs;
- » Explanação e aplicação da técnica de fluxogramação incluindo outros modelos de representação.

Após o estudo deste capítulo, você será capaz de:

- » Compreender a filosofia dos cinco sensos;
- » Aplicar os cinco sensos;
- » Aplicar o 5Ws e 2Hs como planos ação e de análise em processos;
- » Compreender e aplicar a técnica dos cinco" porquês";
- » Identificar a simbologia adotada em um fluxograma;
- » Compreender a importância da simbologia para a qualidade.

Na organização moderna, a qualidade deixou de ser um modismo para ser uma necessidade que distingue uma empresa de outra, criando um diferencial competitivo que a mantém e faz crescer. Com a aplicação das técnicas, esse diferencial competitivo se instala nas organizações, mas não tem condições de se manter somente pela técnica. É preciso, então, que o "espírito" da qualidade esteja enraizado nos funcionários e em todas as fases do processo produtivo. O funcionário deve ser educado em relação à qualidade, vivenciando-a, transmitindo-a, utilizando-a não somente na organização, mas em todos os momentos do seu cotidiano.

A seguir, apresentamos um conjunto de ferramentas que, se bem aplicadas, imprimem no funcionário esses conceitos. São elas: os cinco sensos, os 5 Ws e os 2 Hs, os cinco "porquês", o fluxograma e o harmonograma.

3.1 cinco sensos – 5 Ss

Os cinco sensos, ou 5 Ss, de acordo com quem os utiliza, é uma das mais despretensiosas e poderosas ferramentas para a qualidade. Trata-se de uma ferramenta revestida de um fator de grande importância que, além de implementar a ordem organizacional, eleva a capacidade de discernimento do indivíduo.

De origem japonesa, os cinco sensos foram traduzidos para a língua portuguesa para que essa ferramenta fosse aplicada nas fábricas, nos escritórios e em outros sistemas produtivos.

> Sua implementação mudou radicalmente a percepção de que as indústrias ou os locais de produção poderiam ser sujos, bagunçados e desorganizados.

Os significados dos 5 Ss estão indicados no quadro a seguir.

quadro 3.1

cinco sensos

senso		significado
1º	*seiri*	senso de descarte ou liberação de áreas
2º	*seiton*	senso de organização
3º	*seiso*	senso de limpeza
4º	*seiketsu*	senso de higiene, arrumação, padrão
5º	*shitsuke*	senso de ordem ou disciplina

O **primeiro S** (*seiri*) determina que sejam fornecidos aos funcionários os conhecimentos necessários para que tenham o discernimento entre o que é útil ao seu trabalho e o que não é. Significa retirar do ambiente de trabalho móveis, ferramentas e utensílios dispensáveis à execução normal das atividades. As vantagens dessa ação consistem no fato de que, no decorrer do trabalho, não seja preciso que o funcionário se preocupe em desviar de uma cadeira que não deveria estar ali ou com uma ferramenta que não é utilizada no setor e também está lá. Desse modo, há, efetivamente, uma clareza de pensamentos e ações, voltados para os elementos constantes no trabalho e do trabalho, evitando, assim, desperdícios e desgastes desnecessários.

O **segundo S** (*seiton*) implica que, além de serem úteis, os elementos e as ações devem estar nos locais apropriados. Se então o funcionário necessita de uma determinada ferramenta para a execução de uma ação, não deve precisar procurá-la no local de trabalho.

Novamente as ações advindas da aplicação desse senso possibilitam ao funcionário formar um pensamento ordenado e estruturado em direção à prática de suas atividades. Quando isso acontece, ocorre menor gasto de tempo, pois não há ações paralelas à execução da atividade.

O **terceiro S** (*seiso*) corresponde ao senso de limpeza e traduz a primeira condição visível nos setores produtivos atuais. Além da abordagem tradicional de visualização do ambiente, esse senso permite que sejam monitorados elementos que, ao se mostrarem sujos, indicam problemas, como no caso de equipamentos com vazamentos e quantidade de sobra de material além do normal.

Esse senso também traz na sua aplicação uma consideração educativa: a limpeza deve ser também um estado de espírito, sendo que o funcionário, ao vir trabalhar, deve estar com a mente clara e livre de problemas.

O **quarto S** (*seiketsu*) consolida as ações em que não basta obter tão-somente a organização e a limpeza. Implica a busca da melhor organização e da mais eficiente limpeza, nos dois sentidos descritos nos Ss anteriores. Isso significa que é necessário tomar os recursos disponíveis e com eles executar o melhor, ou seja, trata-se da integração dos recursos/ações para a obtenção do melhor resultado.

O **quinto S** (*shitsuke*) vai além das ações realizadas, fazendo com que os funcionários agora transfiram para si próprios a postura do cotidiano de trabalho obtida com os 4 Ss anteriores. Esse senso é aquele que consolida os outros quatro, propiciando, assim, um ganho permanente à organização, já que o pensamento bem-ordenado e bem estruturado está a favor da organização.

Para que isso aconteça, o funcionário deve levar para o cotidiano de sua vida privada o aprendizado obtido. Dessa maneira, o resultado dessa ação enseja a disciplina necessária preconizada no quinto senso.

Disso depreendemos que os sensos até aqui vistos dão ao funcionário ferramentas poderosas para o desempenho útil e produtivo no trabalho, tornando-se um recurso indispensável às atividades da organização.

3.1.1
aplicação dos 5 Ss

Os sensos devem ser aplicados na sequência em que foram apresentados.

Nas organizações, o senso de descarte ou de liberação de áreas deve sempre vir primeiro, para que depois dele sejam aplicados o de organização e o de limpeza. Esses três primeiros são mais simples de se implementar por se constituírem em ações práticas perfeitamente visíveis e identificáveis. Vejamos a seguir as ações que se fazem necessárias para a aplicação de cada um dos cinco sensos.

1. **Ações para *seiri*** – É necessário retirar do local objetos que não são utilizados rotineiramente no desempenho de uma função, devendo-se conhecer todas as peças, as ferramentas e os instrumentos para a realização do trabalho e manter somente esses elementos.

2. **Ações para *seiton*** – Quanto aos objetos restantes, a organização deve buscar o menor esforço de execução. Por exemplo, a ferramenta utilizada mais vezes no posto de trabalho nº 3 deve ser disposta de tal forma a ficar próxima desse posto. Uma solução simples são os quadros de ferramentas, vistos nas boas oficinas mecânicas, com a localização exata de uma ferramenta de acordo com o seu tipo.

3. **Ações para *seiso*** – A manutenção de pisos, bancadas e equipamentos permite, além da localização rápida de elementos do trabalho, a identificação das situações chamadas *não conformes*. Locais com manchas, entulhos e outras inadequações devem ser limpos e monitorados.

4. **Ações para *seiketsu*** – A verificação das três ações anteriores serve de alerta para o funcionário, que deve manter o estado ideal e o padrão estabelecido. Essa ação de auxílio ao funcionário deve ser executada pelo superior imediato já devidamente treinado nos sensos.

5. **Ações para *shitsuke*** – Os funcionários precisam aceitar verdadeiras melhorias no trabalho. Assim, um plano de incentivos em direção à busca dessas melhorias pode trazer bons resultados à organização e ao ambiente de trabalho.

Os cinco sensos desempenham um papel fundamental nas organizações, mas não somente nelas. Podem ser aplicados em escritórios, ambientes prestadores de serviços que trabalham com o público, sistemas logísticos de transporte e distribuição, hospitais, setores individuais ou na organização como um todo. Sua aplicação transforma e educa o funcionário não somente para o trabalho, mas também em sua vida pessoal. Dada sua importância, os cinco sensos, em muitas organizações, são estendidos aos familiares dos funcionários em treinamentos e visitas realizadas às instalações de fábricas e sistemas produtivos.

O sucesso na implementação dos cinco sensos depende de um programa de manutenção das ações propostas, por isso não devem ser realizados somente uma única vez, sob pena de se perderem no tempo. Outra consideração fundamental é que o programa seja apoiado e incentivado pelas instâncias superiores como parte de uma abordagem estratégica implantada pela organização.

Para saber mais

Para ajudá-lo a aprofundar seus conhecimentos nos sensos, considere a leitura do livro de Haroldo Ribeiro:

RIBEIRO, H. **A Bíblia do 5 S**: da implantação à excelência. Salvador: Casa da Qualidade, 2006.

3.2 5 Ws e 2 Hs: planos de ação e análise

A ferramenta 5 Ws e 2 Hs traduz a utilização de perguntas (elaboradas na língua inglesa) que se iniciam com as letras *W* e *H*, apontadas no Quadro 3.2, no qual também se encontra o significado de cada uma delas. As perguntas têm como objetivo gerar respostas que esclareçam o problema a ser resolvido ou que organizem as ideias na resolução de problemas.

quadro 3.2

modelo conceitual dos 5 Ws e 2 Hs

pergunta	significado	pergunta instigadora	direcionador
What?	O quê?	O que deve ser feito?	O objeto
Who?	Quem?	Quem é o responsável?	O sujeito
Where?	Onde?	Onde deve ser feito?	O local
When?	Quando?	Quando deve ser feito?	O tempo
Why?	Por quê?	Por que é necessário fazer?	A razão/o motivo
How?	Como?	Como será feito?	O método
How much?	Quanto custa?	Quanto vai custar?	O valor

Originariamente, havia somente 5 Ws e 1 H. Um último H para representar *how much* foi acrescentado posteriormente ao método a fim de fundamentar financeiramente a decisão tomada com base no critério dessa ferramenta, a qual se transformou, então, em 5 Ws e 2 Hs.

A utilização de tal ferramenta permite que um processo em execução seja dividido em etapas, estruturadas a partir das perguntas, com o intuito de serem encontradas as falhas que impedem o término adequado do processo. O resultado de sua aplicação não é a indicação clara das falhas, mas sim sua exposição para uma análise mais acurada.

Vamos exemplificar o emprego dessa ferramenta com a análise de um processo de carga em caminhões estacionados em uma doca coberta (Quadro 3.3), em que o operador carrega o caminhão por meio de paleteiras manuais. A altura da doca é de um metro e vinte centímetros, o motorista supervisiona o carregamento da carga, a base do baú está a um metro do solo, e o valor do carregamento está ajustado entre o transportador e o cliente.

quadro 3.3

exemplo de aplicação dos 5Ws e 2 Hs: processo de carga em caminhão

pergunta instigadora	resposta obtida
1. O que deve ser feito?	Deve ser realizado o carregamento da carga X no caminhão.
2. Quem é o responsável?	O operador da paleteira manual.
3. Onde deve ser feito?	A carga deverá ser carregada na doca, que mede 1,20 m, para a base do caminhão a 1 m.
4. Quando deve ser feito?	Quando o caminhão estiver devidamente estacionado na doca.
5. Por que é necessário fazer?	A programação do operador o instruiu para que execute a tarefa.
6. Como será feito?	A paleteira manual transportará a carga para o interior do caminhão.
7. Quanto vai custar?	Valor ajustado entre transportador e cliente.

Em uma primeira análise, podemos enganosamente acreditar que a operação está sendo executada da melhor forma possível. Entretanto, para um supervisor e até mesmo para o operador existe um problema, que se mostrou claramente após a estruturação das atividades. Podemos verificar que o problema apresentado está indicado na resposta à pergunta 3 (Onde deve ser feito?), revelando-se não estar de acordo com uma operação normal o fato de a altura da doca ser diferente da altura da base do caminhão, pois isso dificulta o trabalho do operador, retarda o carregamento do caminhão e cria a possibilidade de haver avarias no produto por quedas acidentais, tudo isso em função do desnível entre doca e caminhão.

Para o bom entendimento de como é a prática dos 5 Ws e 2 Hs, citaremos também o exemplo de um escritório em que a realização de uma venda implica o registro de uma nota fiscal. Aparentemente a atividade apresentada é bem simples. Observemos a análise a seguir no Quadro 3.4.

quadro 3.4

exemplo de aplicação dos 5Ws e 2 Hs: venda com nota fiscal

pergunta instigadora	resposta obtida
1. O que deve ser feito?	A emissão e o registro da nota fiscal.
2. Quem é o responsável?	O contador ou o escriturário.
3. Onde deve ser feito?	O registro deve ser realizado na controladoria.
4. Quando deve ser feito?	Deve ser executado na ocasião da realização da venda.
5. Por que é necessário fazer?	Para haver controle do processo econômico, fiscal e financeiro.
6. Como será feito?	Será feito lançando-se os dados da nota fiscal em sistema contábil (fiscal/gerencial) próprio computadorizado.
7. Quanto vai custar?	O valor do custo do lançamento importa em R$ 0,02.

Atentemos para o fato de que não se apresentaram problemas nessa análise, que só foi realizada para se proceder à definição de processos e à atribuição de responsabilidades.

Para que a utilização da ferramenta proporcione os resultados desejados, o analista deve conhecer muito bem todas as etapas do processo em estudo, sob pena de tornar a análise ineficaz. A ferramenta também pode ser utilizada para estabelecer um plano de ação, como, por exemplo, a aplicação do treinamento dos cinco sensos em determinado departamento da organização.

Os exemplos apresentados indicam a diversidade de usos permitida na utilização dos 5Ws e 2 Hs, demonstrando sua flexibilidade e seu potencial de estruturação e aplicação nos processos em análise.

3.3 técnica dos cinco porquês

Essa ferramenta faz parte do processo de realização da análise do problema para identificar sua causa. A técnica é simples, pois propõe sistematicamente a pergunta (por quê) em busca da verdadeira causa do problema, procurando aprofundar a análise até o ponto em que a solução para o problema é encontrada. Não é necessário realmente executar todas as cinco perguntas, pois o problema pode ser mais superficial do que aparenta, e por isso a resposta pode ser encontranda mais cedo.

No quadro a seguir, apresentamos um exemplo em que foi realizada a busca pela verdadeira causa do problema: Qual a verdadeira causa da não entrega do produto?

quadro 3.5

modelo conceitual dos cinco porquês

perguntas (porquês)	respostas encontradas
Por que o produto não foi entregue?	Porque não tinha embalagem.
Por que não tinha embalagem?	Porque a produção não entregou.
Por que a produção não entregou?	Porque não tinha a matéria-prima.
Por que não tinha a matéria-prima?	Porque o fornecedor não entregou.
Por que o fornecedor não entregou?	Porque houve atraso no pagamento.

Fica claro, pelas respostas apresentadas, que a verdadeira causa do problema foi o atraso no pagamento ao fornecedor, o qual, consequentemente, não entregou a matéria-prima para a produção da embalagem, do que decorre a entrega do produto ao cliente final.

Achar a verdadeira causa para o problema se torna mais fácil com a utilização dessa técnica, a qual estrutura o pensamento, permitindo o direcionamento para a ação que efetivamente solucionará o problema apresentado.

3.4 fluxograma

É uma ferramenta desenvolvida para "desenhar o fluxo" de processos, por meio de formas e pequenos detalhes. Trata-se de uma representação visual do processo e permite identificar nele possíveis pontos nos quais podem ocorrer problemas.

Então, o registro de um processo industrial por meio de um fluxograma acontece com o uso de símbolos e seus significados, conforme apresentado a seguir.

quadro 3.6

principais símbolos usados no fluxograma

símbolo	significado/conceito
○	**operação**: traduz a ação realizada sobre o material. Por exemplo: cortar, furar etc.
▢	**inspeção**: indica a verificação de uma característica ou de um atributo do material. Exemplo: pesar, medir etc.
D	**demora**: indica uma espera dentro do processo produtivo, pode ser a liberação de uma máquina ou outra razão.
⇒	**transporte**: indica a movimentação do material dentro do processo produtivo.
▽	**armazenamento**: ocorre quando o material é estocado e controlado como estoque dentro do processo produtivo.
⊕⇒	**ações combinadas**: podem ser utilizadas operações combinadas na representação do fluxograma, que muitas vezes ocorrem em processos automatizados, nos quais o equipamento agrupa duas ou mais ações. A figura ao lado mostra a execução de uma operação em movimento.

Fonte: Adaptado de MARTINS; LAUGENI, 2005.

Existem outros símbolos (indicados na figura a seguir) que representam situações em áreas específicas, os quais auxiliam o gestor na identificação do fluxo e no reconhecimento de problemas no processo.

figura 3.1

simbologia geral para fluxograma

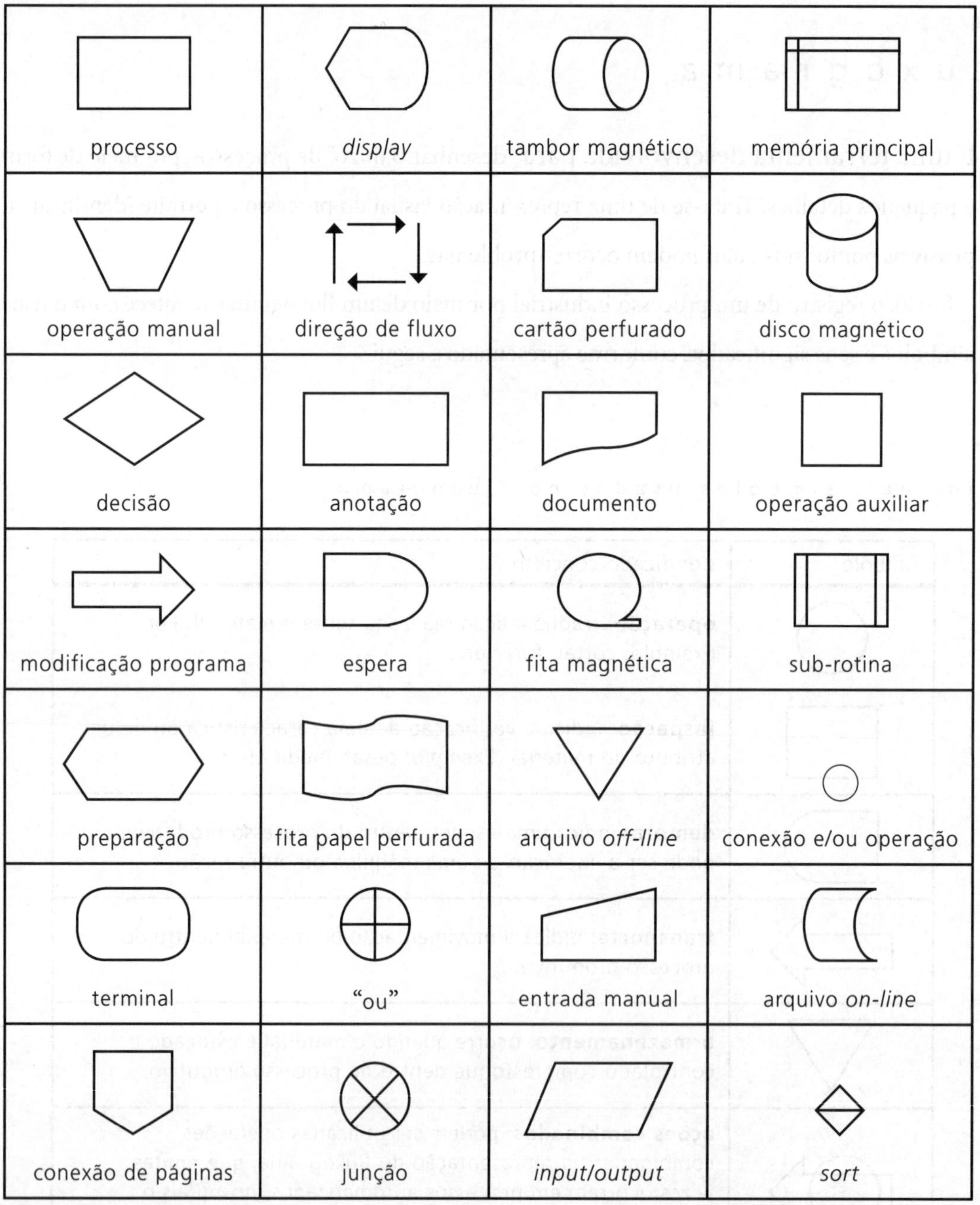

processo	*display*	tambor magnético	memória principal
operação manual	direção de fluxo	cartão perfurado	disco magnético
decisão	anotação	documento	operação auxiliar
modificação programa	espera	fita magnética	sub-rotina
preparação	fita papel perfurada	arquivo *off-line*	conexão e/ou operação
terminal	"ou"	entrada manual	arquivo *on-line*
conexão de páginas	junção	*input/output*	sort

Fonte: CRUZ, 1998.

Os objetivos principais do fluxograma são: padronização na representação dos procedimentos, maior rapidez na descrição dos métodos, facilitação da leitura e do entendimento, facilitação da localização da informação e identificação dos aspectos mais importantes a serem observados, maior flexibilidade e melhoria do grau de análise realizada pelo gestor.

3.4.1
construção de fluxogramas

Em sua construção, como regra geral, o fluxograma deve ser elaborado de cima para baixo e da esquerda para a direita. Cada operação deve ser numerada de forma sequencial, a fim de possibilitar a identificação de cada uma delas. Outro cuidado necessário diz respeito ao cruzamento de linhas, conforme exemplificado na figura a seguir.

figura 3.2

cruzamento de linhas

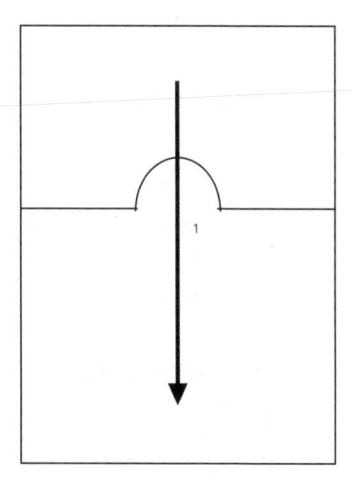

A seguir apresentamos alguns exemplos que traduzem aplicações básicas do fluxograma, como na Figura 3.3, em que o losango indica a necessidade de uma tomada de decisão e as escolhas "sim" ou "não" determinam o caminho a ser percorrido. É possível, também, realizar o vínculo de dois ou mais fluxogramas para facilitar a visualização e a compreensão do processo. Esse vínculo é representado pela linha pontilhada que endereça o processo.

figura 3.3

fluxograma para um processo administrativo

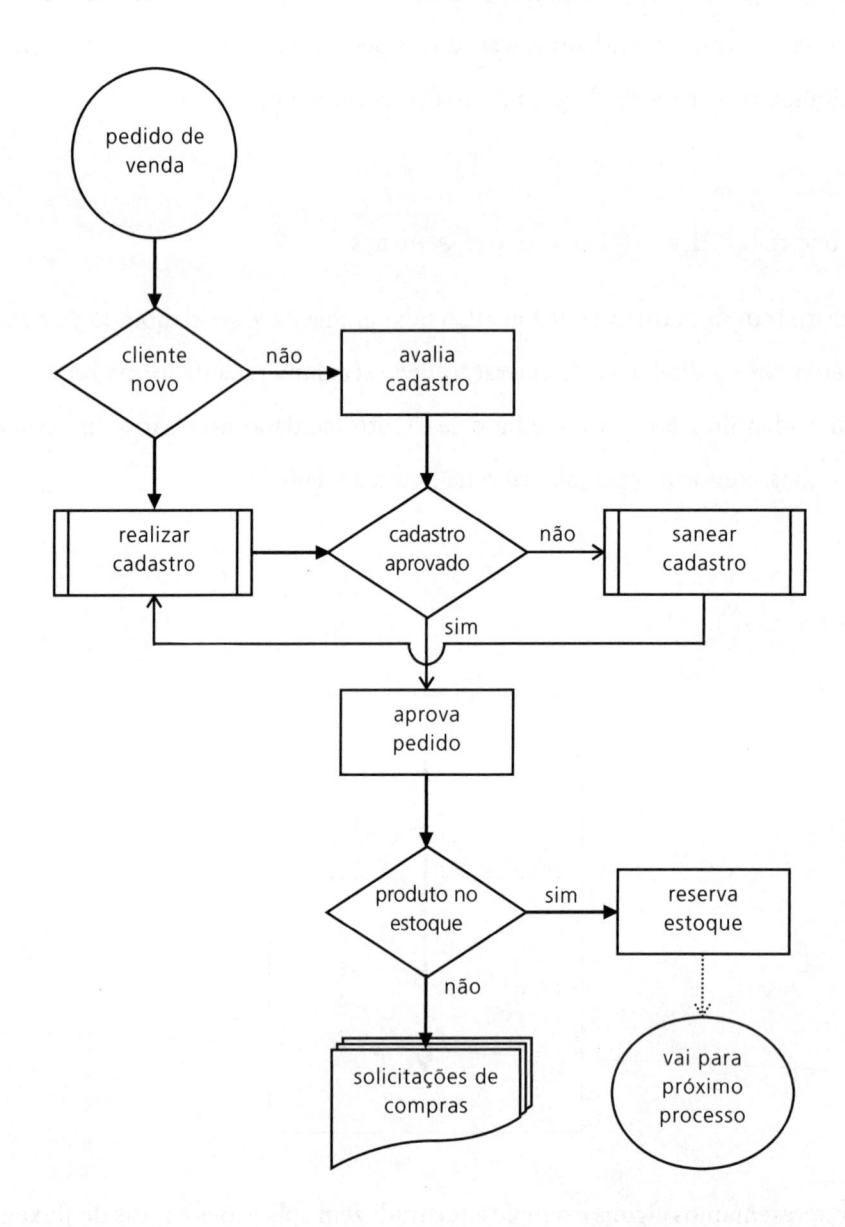

Além disso, o fluxograma para o processo administrativo também é adequado ao fornecimento da prestação de serviços. Como exemplo, o quadro a seguir traduz o processo produtivo de fabricação de pães.

quadro 3.7

exemplo de fluxograma usado na fabricação de pães

símbolo	ação a ser executada	tempo para a tarefa
▽	1. Pegar a farinha no depósito.	5 min.
⇨	2. Transportar para o local da produção de pão.	2 min./10 m
○	3. Misturar a farinha com os outros itens.	15 min
⌐	4. Aguardar o pão crescer.	40 min.
⇨	5. Transportar para o forno.	1 min./2 m
○	6. Assar o pão.	15 min.
⇨	7. Transportar para a loja.	3 min./15 m
▽	8. Estocar na prateleira.	

Esse exemplo de processo produtivo descreve a fabricação de pães de forma simplificada, desde a obtenção da matéria-prima no depósito até a disponibilização do produto final ao cliente na loja.

Verificamos que cada descrição de atividade é acompanhada de um número ordenado, o qual se refere à descrição completa da ação a ser executada. Esta, por sua vez, pode ter mais especificações, por exemplo: 1. Pegar a quantidade de 50 kg de farinha estocada no depósito A, na prateleira 5, com o carrinho de transporte para 50 kg. Assim, a representação gráfica fica simplificada.

Percebemos também que podem ser indicados os tempos das ações executadas ou até mesmo outros elementos, tais como a distância percorrida no transporte. Esses elementos são muito úteis para a definição dos tempos de produção e consumo de recursos.

Uma análise mais detalhada indica o tempo total para a fabricação do pão desde a primeira etapa até a última. No exemplo proposto, notamos que o tempo total do processo é de 81 minutos e pode ser utilizado para compor os custos do processo, bem como a capacidade produtiva mensal com a simples projeção dos valores obtidos.

3.5 harmonograma

Outra forma de representação gráfica é o harmonograma, um diagrama descritivo do processo de funcionamento que pode indicar o fluxo de trabalho e também as operações realizadas, as unidades organizacionais envolvidas, os seus executores, o instrumento de execução, as distâncias entre as unidades organizacionais, os equipamentos ou as pessoas, o tempo de execução de cada operação e as quantidades executadas em cada operação. É uma ferramenta similar ao fluxograma, entretanto sua representação fundamenta-se na combinação harmoniosa de elementos gráficos, que indicam uma ação.

Para a representação adequada, é necessário usar diversos símbolos, que correspondem a pessoas, objetos e operações.

figura 3.4

harmonograma: simbologia para pessoas

△	△ (com linha)	△ (com topo em V)
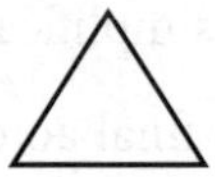 funcionário administrativo	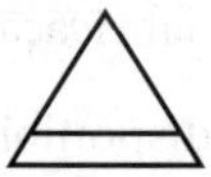 chefe administrativo	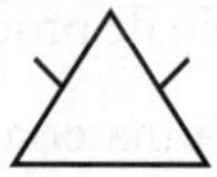 operário braçal ou não qualificado
△ (com haste inferior)	△	△ (com linha no topo)
 operário especializado	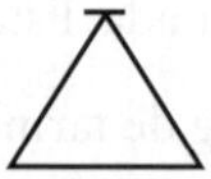 funcionário especializado	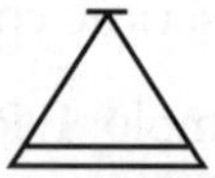 chefe especializado (técnico)

Nessa figura, notamos que o triângulo representa um funcionário, portanto, os símbolos consideram a função administrativa e a função produtiva, bem como o nível hierárquico na organização.

figura 3.5

harmonograma: simbologia para objetos de uso e de produção

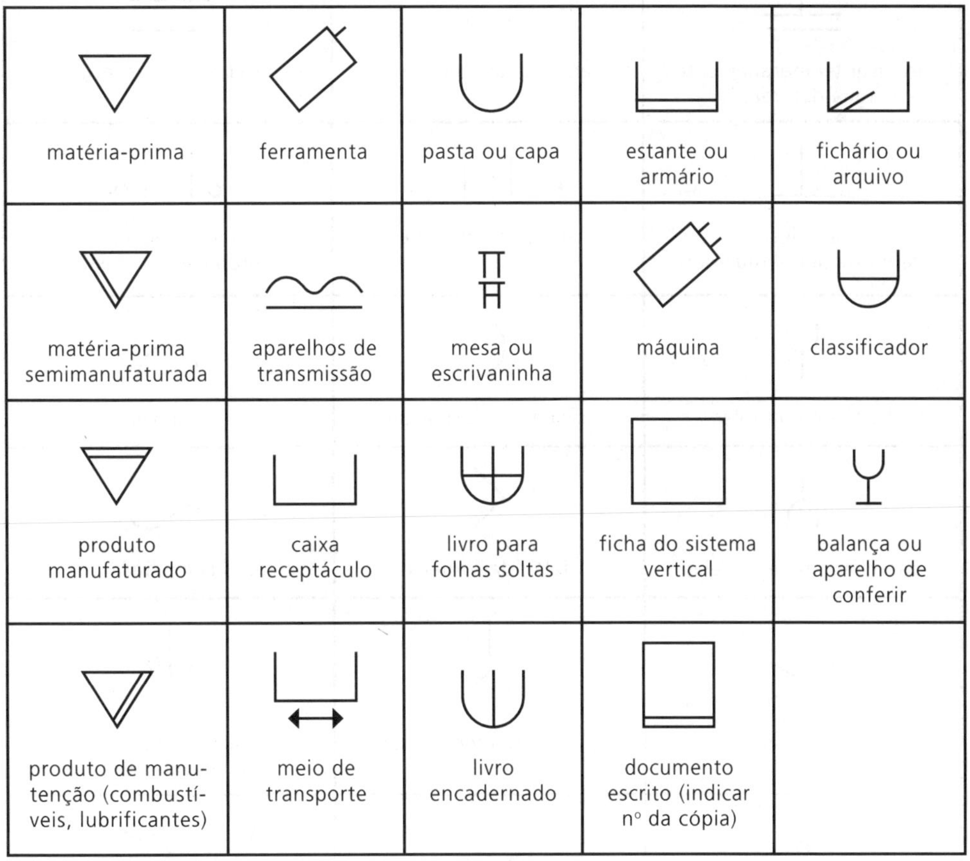

matéria-prima	ferramenta	pasta ou capa	estante ou armário	fichário ou arquivo
matéria-prima semimanufaturada	aparelhos de transmissão	mesa ou escrivaninha	máquina	classificador
produto manufaturado	caixa receptáculo	livro para folhas soltas	ficha do sistema vertical	balança ou aparelho de conferir
produto de manutenção (combustíveis, lubrificantes)	meio de transporte	livro encadernado	documento escrito (indicar nº da cópia)	

Notamos aqui a simbologia para os objetos utilizados nos escritórios e na produção. Efetivamente, não estão listados todos os objetos possíveis e, nesse caso, sua representação pode ser idealizada de acordo com as características e a necessidade de cada operação.

figura 3.6

harmonograma: simbologia para operações

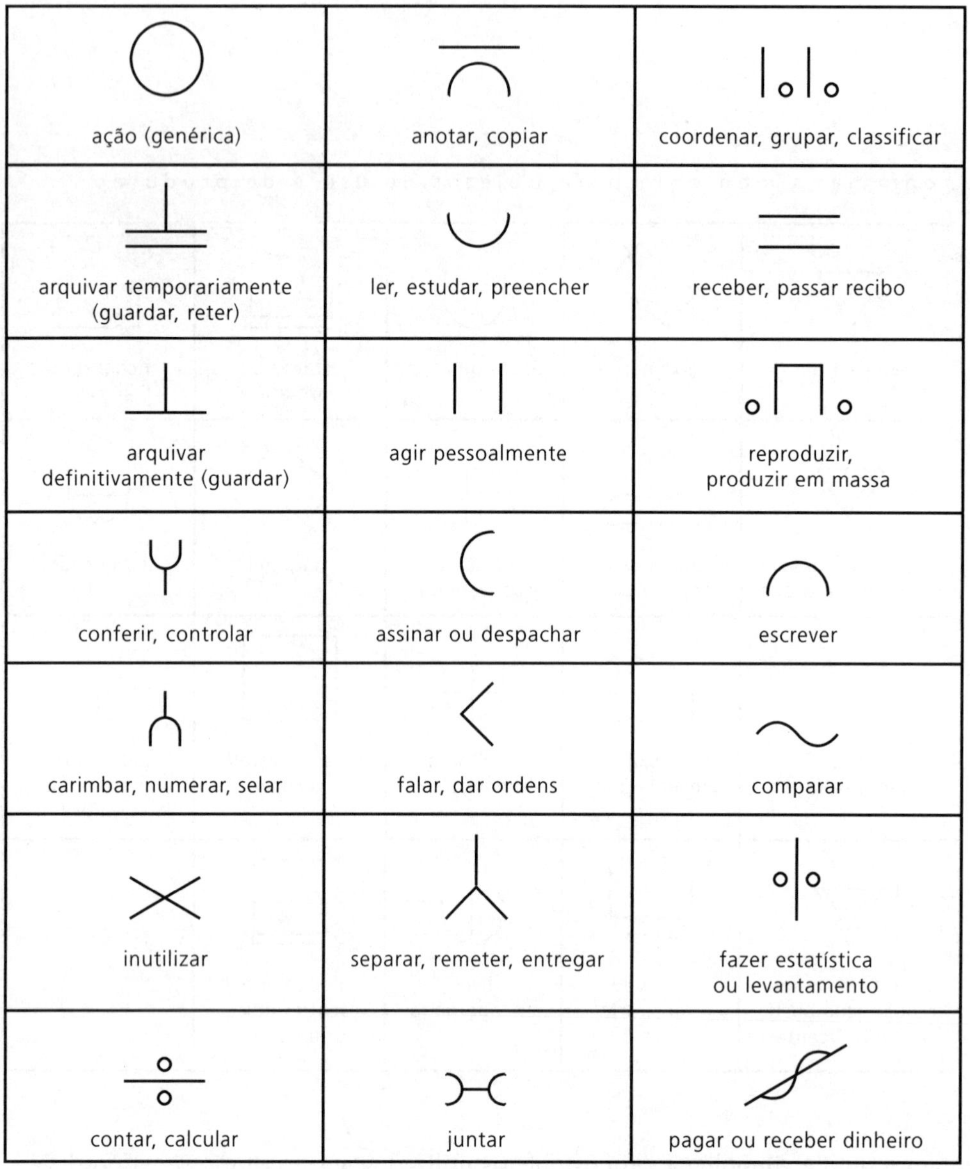

ação (genérica)	anotar, copiar	coordenar, grupar, classificar
arquivar temporariamente (guardar, reter)	ler, estudar, preencher	receber, passar recibo
arquivar definitivamente (guardar)	agir pessoalmente	reproduzir, produzir em massa
conferir, controlar	assinar ou despachar	escrever
carimbar, numerar, selar	falar, dar ordens	comparar
inutilizar	separar, remeter, entregar	fazer estatística ou levantamento
contar, calcular	juntar	pagar ou receber dinheiro

O harmonograma pode ser utilizado quando a empresa quer uma visão mais detalhada do processo de produção e também pode ser aplicado nos níveis mais altos de gestão. O exemplo da figura a seguir combina o símbolo de **máquina** com o símbolo utilizado para representar a **operação escrever**, resultando em **máquina de escrever**. Outro exemplo, na mesma figura, caracteriza um **estatístico** (profissional de estatística) e combina o símbolo de **funcionário** com o de **estatística**.

figura 3.7

símbolos combinados

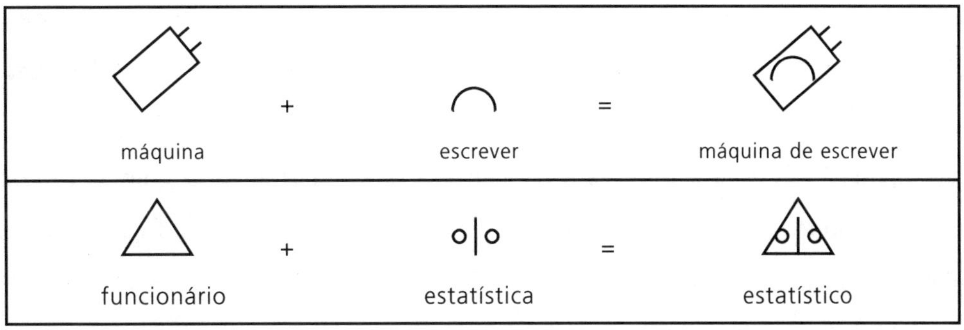

| máquina | + | escrever | = | máquina de escrever |
| funcionário | + | estatística | = | estatístico |

Podem-se combinar fluxogramas distintos dentro de um mesmo processo produtivo, o que assegura uma avaliação global e a análise das inter-relações. Nesse sentido, o fluxograma é uma ferramenta poderosa na representação adequada do processo produtivo, visto que permite ao gestor que identifique os alvos prioritários da qualidade, além de ajustar o processo às necessidades da organização de forma visível e transparente a todos, potencializando o ganho de qualidade.

Síntese

Chegando até aqui, você percebeu que as ferramentas básicas são essenciais às organizações. Lembre-se que devem ser aplicadas dentro de uma abordagem em que toda a organização esteja envolvida e engajada na direção da qualidade.

Verificamos que a aplicabilidade dos cinco sensos é realmente básica e não serve somente para uso nas organizações, mas para nossa vida pessoal. Os 5 Ws e 2 Hs permitem que se estruture processos simples e complexos sem que percamos o caminho. A técnica dos cinco porquês no introduzem na busca pelos motivos de determinado problema para que possamos encontrar a solução.

questões para revisão

1. Justifique a afirmativa: a qualidade na organização moderna deixou de ser um modismo.
2. Os cinco sensos têm uma abordagem filosófica. Qual é ela e como beneficia a organização e o trabalhador?
3. Na ferramenta 5 Ws e 2 Hs, o primeiro H significa *How*, referindo-se à questão de como será feito. Exemplifique um processo em que se utiliza essa ferramenta e identifique até que nível de detalhe se pode chegar no primeiro H.
4. Qual a finalidade da utilização dos cinco porquês?

questões para reflexão

1. Como vimos, o harmonograma é uma representação gráfica. Existem outros símbolos além dos apresentados neste capítulo?
2. Os sensos são representados por ideogramas japoneses. Verifique o sentido original de cada um dos cinco sensos a partir da investigação desses ideogramas.

4 ferramentas de geração de ideias

Conteúdos do capítulo

- » Indicação das ferramentas de geração de ideias para qualidade;
- » Explanação e aplicação do *brainstorming* e do *brainwriting*;
- » Explanação e aplicação do diagrama de afinidades;
- » Explanação e aplicação da técnica do *benchmarking*.

Após o estudo deste capítulo, você será capaz de:

- » Utilizar o *brainstorming* na geração de ideias;
- » Distinguir e utilizar o *brainwriting* para estimular a criação de ideias;
- » Elaborar e estabelecer as inter-relações de um diagrama de afinidades;
- » Reconhecer os passos para a aplicação do *benchmarking*;
- » Aplicar as ferramentas de geração de ideias de forma estruturada.

As ferramentas para a geração de ideias pressupõem o estímulo à criatividade, podendo ser direcionadas para um problema específico ou genérico. São muito utilizadas nos processos de inovação e no desenvolvimento de novos produtos, bem como na resolução de problemas por meio de ideias inovadoras.

4.1
brainstorming

É uma ferramenta utilizada em reuniões nas quais os integrantes têm liberdade total de expor suas ideias, por mais absurdas que pareçam, sem se preocuparem uns com os outros, dos quais recebem ou não influências. Tais ideias são classificadas e avaliadas de acordo com as expectativas da organização.

Na utilização do *brainstroming*, consideramos três fases distintas. A primeira é aquela em que as ideias são geradas, a segunda é destinada à realização dos esclarecimentos relativos ao processo, e a terceira presta-se à avaliação das ideias propostas. A seguir, no Quadro 4.1, são apresentados os passos para a realização de uma sessão de *brainstorming*.

quadro 4.1

passos do *brainstorming*

fase	passo	descrição
1	1	Escolhe-se um facilitador para o processo que definirá o objetivo.
	2	Formam-se grupos de até dez pessoas.
	3	Escolhe-se um lugar estimulante para a geração de ideias.
	4	Os participantes terão um prazo de até dez minutos para fornecer suas ideias, que não devem ser censuradas.
2	5	As ideias deverão ser consideradas e revisadas, disseminando-se entre os participantes.
	6	O facilitador deverá registrar as ideias em local visível (quadro, cartaz etc.), esclarecendo novamente o propósito.
3	7	Deverão ser eliminadas as ideias duplicadas.
	8	Deverão ser eliminadas as ideias fora do propósito delimitado.
	9	Das ideias restantes devem ser selecionadas aquelas mais viáveis (se possível, por consenso entre os participantes).

As ideias remanescentes ainda poderão ser estocadas em um banco de ideias da organização para utilização futura. Muitas organizações empregam a técnica do *brainstorming* para identificar ideias que possam melhorar produtos ou induzir a inovadoras soluções de problemas.

4.2 brainwriting

O *brainwriting* é similar ao *brainstorming*, entretanto, nesse caso, os integrantes, em vez de exporem oralmente suas ideias, registram-nas em documentos próprios. Para ocorrer o *brainwriting*, esses documentos devem ser passados a outros integrantes até que, ao final, cheguem ao controlador do processo de geração de ideias.

Além das ideias escritas em um documento, o *brainwriting* permite que todos, sem qualquer favorecimento, possam expressar suas ideias no papel, evitando constrangimentos por aqueles que se destacam (ou não) diante dos outros.

Um exemplo de *brainwriting* pode ser visto no Quadro 4.2. Em uma folha de papel previamente preparada, é definido um determinado problema a ser resolvido. Então, os integrantes apontam ideias para solucioná-lo e passam a folha adiante para um registro por outro integrante.

quadro 4.2

exemplo de *brainwriting*

problema: movimentar um carro de algum modo, exceto com motores a explosão por gasolina.	
área das ideias	Movimentar com motores a explosão por álcool
	Movimentar com motores que utilizam hidrogênio
	Utilizar tração animal para movimentar o carro
	Movimentar com motores a combustão por *diesel*
	Movimentar com motores que utilizam GNV

Esse documento é entregue ao facilitador, que procede à análise e à escolha de ideias, determinando as mais adequadas para serem utilizadas pela organização para a solução do problema apresentado.

4.3 diagrama de afinidades

Conforme indicam Sant'ana e Blauth (1999), o objetivo do diagrama da afinidades é organizar um grande número de ideias muito próximas. Esse diagrama foi criado nos anos 1960 pelo antropólogo japonês Kawakita. Sua utilização se dá quando existem muitos fatos ou ideias que aparentemente não se relacionam e também quando há a necessidade de consenso do grupo para a tomada de decisão.

Esse procedimento difere dos usados nas outras ferramentas, pois, embora se empregue o *brainstorming* para início dos trabalhos, aqui as pessoas, em vez de exporem suas ideias, registram-nas em cartões de dados. Estes, depois de avaliados, representam a ordenação das melhores ou mais comuns ideias geradas pelos participantes. O resultado é então divulgado a todos, que iniciam nova rodada, até que, ao final dos trabalhos, reste o consenso sobre a ideia ou o assunto abordado (cartão de afinidades).

Para a utilização do diagrama de afinidades, devem ser seguidos alguns passos apresentados na sequência.

quadro 4.3

passos para utilização do diagrama de afinidades

passo	descrição
1	Definir o problema ou assunto a trabalhar.
2	Coletar dados e ideias sobre o assunto por meio de técnicas variadas, como o *brainstorming*, ou por meio de pesquisas.
3	Elaborar os cartões de dados.
4	Agrupar os cartões de dados que têm alguma relação ou afinidade, ou mesmo significado.
5	Definir o cartão de afinidades no qual as características encontradas são identificadas em todos os cartões de dados.
6	Agrupar os cartões de dados com os respectivos cartões de afinidades.

O diagrama de afinidades é construído a partir das relações entre os cartões de dados, tendo como nível superior o cartão de afinidades. Vejamos na Figura 4.1 o esquema geral do diagrama de afinidades.

figura 4.1

modelo do diagrama de afinidades

```
              ┌──────────────┐
              │  cartão de   │
              │  afinidades  │
              └──────────────┘

  ┌──────────┐   ┌──────────┐   ┌──────────┐
  │  cartão  │   │  cartão  │   │  cartão  │
  │ de dados │   │ de dados │   │ de dados │
  └──────────┘   └──────────┘   └──────────┘
```

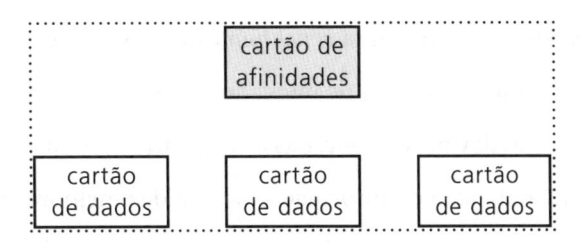

Tomando como exemplo o transporte de cargas de uma localidade a outra, foram relacionados alguns dados para a saída e a chegada do caminhão. Assim, os cartões de afinidades serão a saída e a chegada do caminhão ao destino. A Figura 4.2 permite que sejam visualizados os passos desse procedimento.

figura 4.2

exemplo de diagrama de afinidades

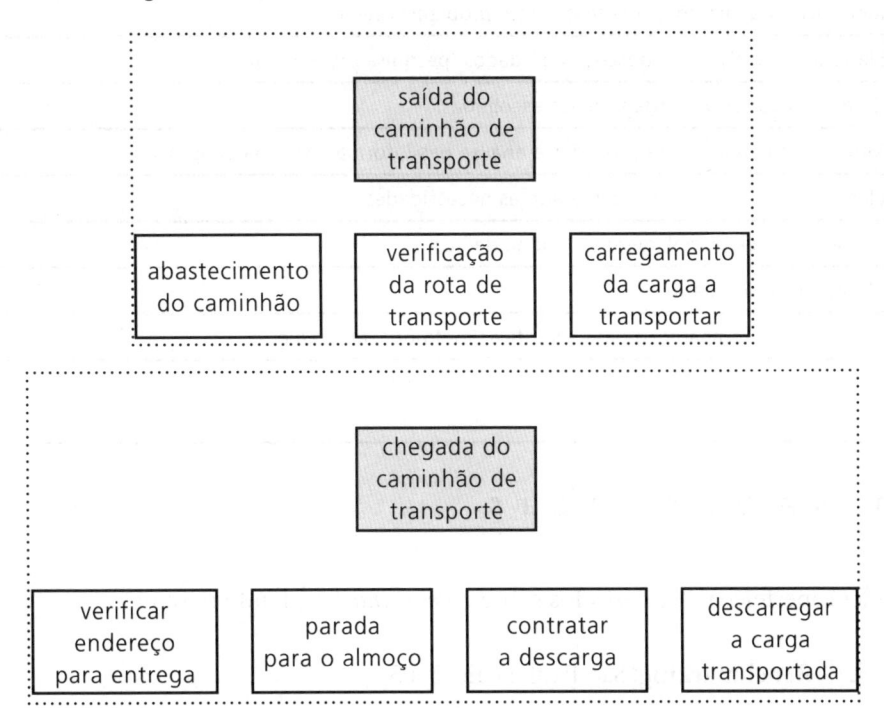

```
                  ┌──────────────┐
                  │   saída do   │
                  │ caminhão de  │
                  │  transporte  │
                  └──────────────┘

  ┌──────────────┐ ┌──────────────┐ ┌──────────────┐
  │ abastecimento│ │ verificação  │ │ carregamento │
  │ do caminhão  │ │ da rota de   │ │  da carga a  │
  │              │ │  transporte  │ │  transportar │
  └──────────────┘ └──────────────┘ └──────────────┘

                  ┌──────────────┐
                  │  chegada do  │
                  │ caminhão de  │
                  │  transporte  │
                  └──────────────┘

 ┌──────────┐  ┌──────────┐  ┌──────────┐  ┌────────────┐
 │ verificar│  │  parada  │  │ contratar│  │ descarregar│
 │ endereço │  │ para o   │  │ a descarga│ │  a carga   │
 │para entrega│ │  almoço  │  │          │  │transportada│
 └──────────┘  └──────────┘  └──────────┘  └────────────┘
```

O diagrama de afinidades permite ao gestor organizar e identificar as tarefas similares para propor ações próximas que já foram sistematizadas anteriormente, reduzindo, assim, o consumo de recursos da organização e melhorando o desempenho.

4.4 benchmarking

É muito simples explicar a ferramenta *benchmarking*, mas é difícil implementá-la. Sua utilização deve considerar as melhores práticas de mercado, ou seja, as usadas pelas melhores empresas, e tais práticas, se adequadas, devem ser aplicadas na organização. A maior dificuldade na aplicação dessa ferramenta está na obtenção da informação acerca das melhores práticas, uma vez que as empresas que as desenvolvem não querem divulgá-las, pois têm seu diferencial competitivo baseado nelas. O quadro a seguir evidencia alguns passos necessários à realização do *benchmarking*.

quadro 4.4

passos para a realização do *benchmarking*

passo	descrição
1	Identificar os problemas a serem resolvidos.
2	Separar os processos que estão gerando problemas.
3	Identificar organizações que resolveram problemas semelhantes.
4	Elaborar um plano para obtenção de dados (pesquisa /observação).
5	Coletar os dados das organizações escolhidas.
6	Montar uma equipe para proceder à análise das informações e da adaptação.
7	Elaborar um plano de ação adaptado às necessidades.
8	Treinar a equipe e implementar o plano de ação.
9	Monitorar os resultados.
10	Realizar nova comparação para a verificação do *benchmarking*.

---

para saber mais

Você poderá aperfeiçoar seus estudos sobre o *benchmarking* lendo o livro:

FISHER, J. G. **Benchmarking**. São Paulo: Clio, 2003.

Com a aplicação dos passos apresentados, deve ser possível saber se, com as novas técnicas, as escolhas foram adequadas, obtendo-se uma melhoria nos sistemas que caminham em direção à implementação da qualidade na organização.

Síntese

Percebemos que as ferramentas para a geração de ideias são essenciais àquelas organizações que necessitam estar sempre a frente das necessidades de mercado e dos concorrentes. Elas permitem que as organizações sejam criativas para se manterem na vanguarda. Aliadas a essas ferramentas temos o diagrama de afinidades, que ajuda a ordenar e alinhar os recursos. Consideramos a busca pelos melhores procedimentos ou desenvolvimentos através do *benchmarking*.

questões para revisão

1. Quando realizamos o *brainstorming*, colhemos inúmeras ideias, mas nem todas são utilizadas. Indique o que podemos fazer com as ideias remanescentes, não utilizadas pela organização.
2. Exemplifique o diagrama de afinidades em todos os seus passos. O que representa o cartão de afinidades nesse processo?
3. O *benchmarking* é uma ferramenta destinada à melhoria da qualidade nas organizações. Você considera sua finalidade controvertida? Justifique essa afirmativa.

questão para reflexão

Faça uma pesquisa sobre a origem do *brainstorming* e do *benchmarking* e reflita sobre a importância dessas ferramentas nas organizações.

5
métodos estatísticos no gerenciamento da qualidade

Conteúdos do capítulo

» Os métodos para a realização de diagnósticos;
» Os métodos estatísticos no gerenciamento da qualidade;
» A explanação e a forma de utilização das ferramentas de obtenção e coleta de dados;
» A explanação e a forma de utilização das ferramentas estatísticas para análise e controle de dados.

Após o estudo deste capítulo, você será capaz de:

» Distinguir e escolher a melhor forma de realização do diagnóstico;
» Análise e realização através da estratificação de um problema;
» Utilização de folhas de verificação e controle;
» Criação de folhas de verificação e controle;
» Elaboração e interpretação do histograma;
» Elaboração e interpretação dos gráficos de controle.

Considerar **métodos estatísticos** no gerenciamento da qualidade juntamente com a aplicação das ferramentas possibilita realmente ter clareza dos elementos que não representam qualidade. Ao perguntarmos a uma pessoa se ela gosta de um único e determinado produto, estamos pedindo que ela avalie qualitativamente o produto, ou seja, que realize uma avaliação subjetiva, baseada em seu próprio entendimento. Quando solicitamos que faça isso de forma comparativa, ou seja, que, por exemplo, ela verifique se as carteiras de uma sala de aula têm qualidade, a análise é feita baseada em fatores comparativos (uniformidade de cor, perfeição no acabamento etc.), isto é, as carteiras serão avaliadas pelos seus atributos físicos, pelas características apresentadas, e terão qualidade se todas apresentarem muita semelhança entre si. Qualquer característica em uma carteira que não se repita nas outras é considerada defeito. Assim como a pessoa que avaliou as carteiras, o sistema produtivo necessita de parâmetros bem definidos do que é e do que não é identificado ou definido como qualidade. Podemos então compreender **defeito** como tudo aquilo que não corresponde ao padrão esperado.

Exemplificando, podemos fabricar portas, cuja largura é de 0,80 m. Entretanto, é impraticável conseguir produzir todas as portas na mesma medida. Assim, admitimos uma **variação** no processo de fabricação de portas de 0,805 m até 0,795 m, o que podemos também representar da seguinte forma: $0,80 \pm 0,05$ m. Então, podemos dizer que um produto está dentro dos padrões de qualidade, ou está **conforme**, se estiver dentro da variação estabelecida; quando fora das medidas estipuladas, é considerado **não conforme**, ou seja, com defeito.

Ao nos aprofundarmos um pouco mais nessa questão, verificamos que é importante delimitar as faixas de aceitação de qualquer processo produtivo, uma vez que sempre, em algum nível, existem variações que devem ser ou não aceitas pelo processo produtivo.

Podemos considerar dois momentos em uma avaliação de qualidade. O primeiro deles é aquele que consideramos como **avaliação subjetiva**, a qual depende dos critérios específicos e individuais do avaliador; o segundo é a **avaliação objetiva**, que demanda o estabelecimento geral de padrões de aceitação que deverão ser obedecidos.

Dessa forma, o processo produtivo deve ser controlado não somente na resolução de problemas e no estabelecimento de causas e efeitos, mas também na manutenção dos padrões a serem seguidos. Para isso, devemos diagnosticar os problemas que se apresentam e até mesmo nos antecipar a eles.

Conforme Kume (1993), podemos realizar diagnósticos de quatro modos diferentes:

- » Pela **intuição**, que é subjetiva e, portanto, depende de cada um. Sua principal característica reside no fato de não ser necessária sua comprovação ou confirmação. É o mesmo que pedirmos a uma cartomante que "leia" nossa mão e nos diga o que acontecerá no futuro.
- » Pela **experiência**, que é algo mais aceitável, uma vez que se traduz pela soma das ocorrências vivenciadas por aquele que se diz experiente, podendo ser explicada e, na maioria das vezes, passível de ser reproduzida.
- » Pela **pesquisa experimental**, que é realizada em ambiente totalmente controlado e permite que as ocorrências sejam avaliadas na prática. Baseia-se na realidade e em fatos apresentados.
- » Pela **análise estatística**, que é baseada em dados, como a realização da análise pela identificação e pela obtenção de dados por meio de uma base amostral. Com a obtenção de dados anteriores, é possível projetar o futuro com a utilização de técnicas estatísticas. Podemos, portanto, realizar a previsão de uma ocorrência, como a quebra de uma ferramenta ou a execução de um processo não conforme, antes mesmo que isso aconteça.

Inicialmente, devemos diagnosticar as situações existentes e os problemas e, então, resolvê-los. Para a realização do diagnóstico, é necessário obter dados, o que deve ser realizado dentro dos propósitos e dos parâmetros de qualidade estabelecidos.

> É preciso considerarmos também que, para funcionar, a qualidade deve ser "tatuada" nos colaboradores, de modo a fazer parte da cultura da organização e dos funcionários, sob pena de não se atingirem os objetivos com a qualidade.

5.1 ferramentas de obtenção e coleta de dados

Conforme Kume (1993), a forma correta para a obtenção de dados consiste na geração de respostas relacionadas a quatro perguntas fundamentais (apresentadas na sequência) e na utilização adequada da ferramenta **folha de verificação**.

As perguntas são:

1. Há objetivos de qualidade bem definidos?

    Os objetivos podem ser:
    » controle e acompanhamento do processo de produção;
    » análise de não conformidade;
    » inspeção da qualidade.

2. Qual é o propósito da coleta de dados para a qualidade?
3. As medições realizadas são confiáveis, estão supridas por equipamentos e medidas adequadas?
4. A maneira de registrar os dados para a qualidade é a correta?

Como exemplo, consideremos que é necessário obter dados para estabelecer as perdas prováveis na fabricação de parafusos. As respostas às quatro perguntas anteriores dar-se-ão da seguinte forma:

1. O objetivo é estabelecer as perdas prováveis na fabricação de parafusos (o objetivo é o **acompanhamento do processo de produção**).
2. O propósito da coleta de dados é a identificação do tipo de defeito que causa a perda. Podemos ter como defeitos o diâmetro, o comprimento ou outras características fora das especificações.
3. A ferramenta paquímetro é escolhida, uma vez que sua escala de medição permite a leitura do cumprimento da especificação. Aqui é considerado qual equipamento ou ferramenta de medição deverá efetuar as medições.
4. Os dados serão registrados em uma folha de verificação para a distribuição do processo de fabricação.

Uma vez estabelecidos os objetivos referentes à primeira pergunta, a definição do propósito da coleta de dados é a consequência lógica. Se queremos identificar uma não conformidade de produtos, o propósito da coleta de dados é localizar a variação além das especificações. Para a realização das medições, devemos calibrar adequadamente os equipamentos de forma que permitam a confiabilidade da medição desse processo.

Finalmente, após a realização da estratificação, o processo de medição é registrado em documentos apropriados – as folhas de verificação – que são de diversos tipos e servem de base para a construção das folhas de frequência e, consequentemente, do histograma, que permite, juntamente com gráficos de controle, a realização de análises do processo.

5.1.1
estratificação

Trata-se de uma forma de realizar a separação de grupos em subgrupos específicos, a fim de possibilitar a análise por segmentos menores, até que seja encontrada a raiz dos problemas apresentados. No exemplo constante na Figura 5.1, a intenção é identificar um defeito na vedação do para-brisa dos veículos. Para isso, tem início a realização da estratificação pelos processos na planta, chegando ao setor de montagem, para, logo a seguir, separar uma segunda vez e realizar a verificação no setor de montagem dos vidros. Desse modo, a estrutura é estratificada, ou seja, dividida por similaridade até o nível de montagem dos vidros.

figura 5.1

exemplo de estrutura estratificada para identificação de defeito

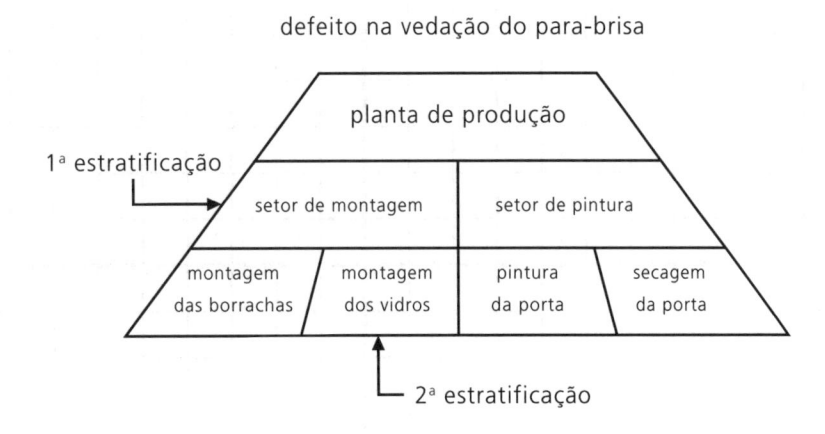

defeito na vedação do para-brisa

```
                    planta de produção
1ª estratificação ┌──────────────┬──────────────┐
              →   │ setor de     │ setor de     │
                  │ montagem     │ pintura      │
                  ├──────┬───────┼──────┬───────┤
                  │monta-│monta- │pintura│secagem│
                  │gem   │gem    │da     │da     │
                  │das   │dos    │porta  │porta  │
                  │borra-│vidros │       │       │
                  │chas  │       │       │       │
                  └──────┴───┬───┴──────┴───────┘
                             ↑
                    └── 2ª estratificação
```

A ideia da estratificação deve estar presente nos momentos de identificação e uso das ferramentas de controle da qualidade, o que veremos na sequência.

5.1.2
folhas de verificação

São documentos utilizados para registrar as anotações, o que é feito de forma ordenada e já direcionada para o problema ou situação que queremos resolver (Kume, 1993). Apresentamos, a seguir, três tipos de folhas de verificação:

1. para a distribuição do processo de produção;
2. para item defeituoso;
3. folha de verificação para o registro de reclamações de clientes.

O primeiro modelo, representado a seguir na Tabela 5.1, destina-se ao acompanhamento do processo produtivo, com vistas a avaliar se as peças fabricadas estão dentro do padrão e qual a frequência com que ocorrem as não conformidades. Essas informações servem de base para outras ferramentas, tais como o histograma (que será abordado adiante) e a confecção da curva representativa do processo.

Sua utilização é bastante simples, uma vez que, a partir do modelo apresentado, já parametrizado (ou seja, com o padrão especificado), o apontador somente registra as ocorrências conforme elas se apresentam.

tabela 5.1

folha de verificação para a distribuição do processo de produção

especificação	desvio	anotações 5 10 15	frequência
	1,0	× ×	2,00
	0,9	× ×	2,00
	0,8	× ×	2,00
	0,7	× × ×	3,00
	0,6	× × ×	3,00
especificação	0,5	× × ×	3,00
	0,4	× × × ×	4,00
	0,3	× × × × × ×	6,00
	0,2	× × × × × × × ×	8,00
	0,1	× × × × × × × × × ×	10,00
5,000	0	× × × × × × × × × × ×	11,00
	-0,1	× × × × × × × × × ×	10,00
	-0,2	× × × × × × × ×	8,00
	-0,3	× × × × × ×	6,00
	-0,4	× × × ×	4,00
especificação	-0,5	× × ×	3,00
	-0,6	× × ×	3,00
	-0,7	× × ×	3,00
	-0,8	× ×	2,00
	-0,9	× ×	2,00
	-1,0	× ×	2,00

Nesse caso, o apontador registrou que, no processo produtivo apresentado com padrão de 5,0 ± 0,05 (especificação), foram produzidas: 11 unidades com a medida de 5,0; 10 unidades com medida de 5,0 e desvio de +0,1; 10 unidades com medida de 5,0 e desvio de –0,1. Isso permite que sejam registradas automaticamente as frequências com que as medidas ocorrem para a construção de histogramas e a análise do processo.

Outro modelo é o apresentado no Quadro 5.1, a seguir, que possibilita identificar a ocorrência de itens defeituosos no processo produtivo. Estes são registrados na folha de verificação, em que são anotados também os defeitos que aparecem em cada peça, quando realizada a verificação do produto.

Nesse caso, a peça poderá ter mais de um defeito, como, por exemplo, trincas e deformações, necessitando de uma marcação em cada tipo de defeito. Essa ação permite identificar em qual processo está ocorrendo o problema e se é necessário intervir a fim de que os defeitos apresentados sejam reduzidos.

quadro 5.1

folha de verificação para item defeituoso

folha de verificação		
produto: cotovelo lr estágio de fabricação: inspeção final tipo de defeito: listados total inspecionado: 3.000	data: 20/6/2006 seção: qualidade inspetor: José lote n. 210	
defeito	marca	subtotal
riscos	ᵗʰʰ ᵗʰʰ ᵗʰʰ ᵗʰʰ ////	24
trincas	ᵗʰʰ ᵗʰʰ ///	13
frestas	ᵗʰʰ ᵗʰʰ	10
deformação	ᵗʰʰ ᵗʰʰ ᵗʰʰ //	17
cor	ᵗʰʰ //	7
rugosidade	ᵗʰʰ ///	8
outros	///	3
total de defeitos		82
total de itens rejeitados	ᵗʰʰ ᵗʰʰ ᵗʰʰ ᵗʰʰ ᵗʰʰ ᵗʰʰ ᵗʰʰ ᵗʰʰ ᵗʰʰ ᵗʰʰ ᵗʰʰ ᵗʰʰ	60

Esse quadro mostra que, no lote de 3.000 unidades analisadas, 60 unidades apresentaram defeitos, os quais somam 82, caracterizando-se, assim, mais de um defeito por peça.

Um terceiro exemplo vem da área de prestação de serviços, na qual a folha de verificação demonstra muito a sua força quando requer que as organizações estrutuem seus processos de serviço e mantenha-os sob controle.

Tabela 5.2

Folha de verificação para o registro de reclamações dos clientes.

Mês	Atendimentos	Reclamações	
		Unidades	%
Janeiro	13508	111	0,82
Fevereiro	14370	118	0,82
Março	11240	121	1,08
Abril	11070	110	0,99
Maio	13580	130	0,96
Junho	12340	118	0,96
Julho	1440	120	0,83
Agosto	15080	130	0,86
Setembro	15250	135	0,89
Outubro	14870	138	0,93
Novembro	15180	142	0,94
Dezembro	15390	120	0,78
Totais/Ano	166318	1493	0,90

Como podemos observar, as folhas de verificação são ferramentas poderosas para a análise de processos e a melhoria de qualidade, pois identificam defeitos e variações e possibilitam a execução de ações efetivas, focadas no problema.

5.1.3

histogramas

Os histogramas permitem o reconhecimento de padrões de uma determinada amostra que é representativa de toda a população. Fica claro então que, se essa população aumenta, podemos ter alterações na amostra e, consequentemente, em sua análise. É inevitável, portanto, que valores de um certo conjunto de dados apresentem **variação**, pois não são sempre os mesmos. Entretanto, devem ser determinados de maneira ordenada e regidos sempre por uma certa regra, seguindo, pois, uma dada **distribuição**. Com base nessa distribuição, fica mais fácil realizar uma análise. Veremos, na sequência, um exemplo de aplicação da utilização do histograma, mas, primeiramente, estabeleceremos as tabelas de frequência a partir dos resultados das ocorrências ou medições realizadas.

Para exemplificar, consideremos que, em um dado processo de medição de espessura de chapas de madeira, foram extraídas nove amostras, com dez elementos em cada uma, e queremos estabelecer qual(is) é(são) a(s) espessura(s) que apresenta(m) as maiores ocorrências, ou frequência maior. A Tabela 5.3 mostra os valores resultantes das medições.

tabela 5.3

resultado de medições para controle de frequência

amostra	resultado das medições										máx.	mín.
1-10	10,04	10,07	10,09	10,09	10,04	10,04	10,08	10,13	10,17	10,10	10,17	10,04
11-20	10,11	10,14	10,02	10,16	10,05	10,06	10,08	10,14	10,12	10,10	10,14	10,02
21-30	10,12	10,09	10,09	10,09	10,08	10,11	10,17	10,15	10,07	10,14	10,17	10,07
31-40	10,08	10,06	10,05	10,14	10,10	10,12	10,13	10,10	10,09	10,08	10,13	10,05
41-50	10,14	10,09	10,10	10,10	10,13	10,09	10,01	10.12	10,09	10,06	10,13	10,01
51-60	10,13	10,06	10,17	10,10	10,12	10,08	10,09	10,14	10,16	10,11	10,17	10,06
61-70	10,10	10,06	10,08	10,08	10,10	10,11	10,09	10,17	10,16	10,11	10,16	10,06
71-80	10,12	10,07	10,10	10,09	10,08	10,08	10,08	10,12	10,09	10,05	10,12	10,05
81-90	10,07	10,11	10,04	10,08	10,12	10,11	10,12	10,11	10,08	10,08	10,12	10,04
										limites	10,17	10,01

Nesse caso, para o tratamento dos dados, foram realizados os seguintes passos:

1. Cálculo da amplitude, que é traduzido pela diferença entre o maior e o menor valor dos elementos de cada amostra por meio da determinação do máximo e do mínimo valor de cada amostra. Para o cálculo, temos como amplitude o valor de R= 10,17 − 10,01 = 0,16. O próximo passo é a determinação do intervalo de classe.

2. Para determinar o intervalo de classe, devemos realizar a divisão da amplitude por valores numéricos que permitam a obtenção de uma quantidade de intervalos entre 5 e 20, aproximadamente. No exemplo, o intervalo de classe é obtido da seguinte forma: 0,16 / 0,02 = 8 ou 0,16 / 0,05 = 3,2 ou 0,16 / 0,10 = 1,6. Escolhemos, portanto, 8 intervalos de classe por serem valores entre 5 e 20.

A partir do número de classe, passamos a definir as classes por meio da utilização do menor valor. Portanto, a primeira classe deve conter o menor valor apresentado nas medições (esse valor, em nosso exemplo, é igual a 10,01) e a classe final, deve conter o maior valor (esse valor, em nosso exemplo, é igual a 10,17). Assim, temos a variação total que deve ser considerada. Então, dividimos a variação encontrada pelo número de classes, obtendo (10,17−10,01) / 8 = 0,02. Desse modo, cada classe, a partir da primeira, terá um incremento de valor de 0,02. Devemos ainda trabalhar, nesse caso, com uma casa decimal a mais para a determinação e o estabelecimento das classes.

Para a primeira classe, ficamos com a seguinte situação:

a. iniciamos com o valor de 10,01; acrescentando mais uma casa decimal, obtemos 10,005 da seguinte forma: (10,01 − 0,005) = 10,005;
b. incrementamos com o valor encontrado 0,02, obtendo 10,03; acrescentando mais uma casa decimal, temos 10,035. Assim, chegamos aos valores iniciais e finais da primeira classe. Para o restante, acrescentamos o incremento de 0,02.

Agora temos todas as condições para prepararmos a tabela de frequência. Devemos ainda estabelecer o ponto médio de cada uma das classes e obter as frequências a partir da contagem das ocorrências dentro do intervalo de classe, o que gera a tabela a seguir.

tabela 5.4

determinação da frequência

classe		médio	frequência
10,005	10,035	10,020	2
10,035	10,055	10,045	7
10,055	10,075	10,065	10
10,075	10,095	10,085	26
10,095	10,115	10,105	18
10,115	10,135	10,125	12
10,135	10,155	10,145	8
10,155	10,175	10,165	7
			90

Devemos tomar o cuidado para que a somatória das leituras represente exatamente o número realizado.

Para o caso das chapas de madeira, construímos o histograma (Gráfico 5.1) considerando, no eixo vertical, o número de ocorrências dentro de cada classe e, no horizontal, os intervalos de classe correspondentes (faixas de espessura das chapas). Podemos definir também a espessura média das chapas.

gráfico 5.1

construção do histograma

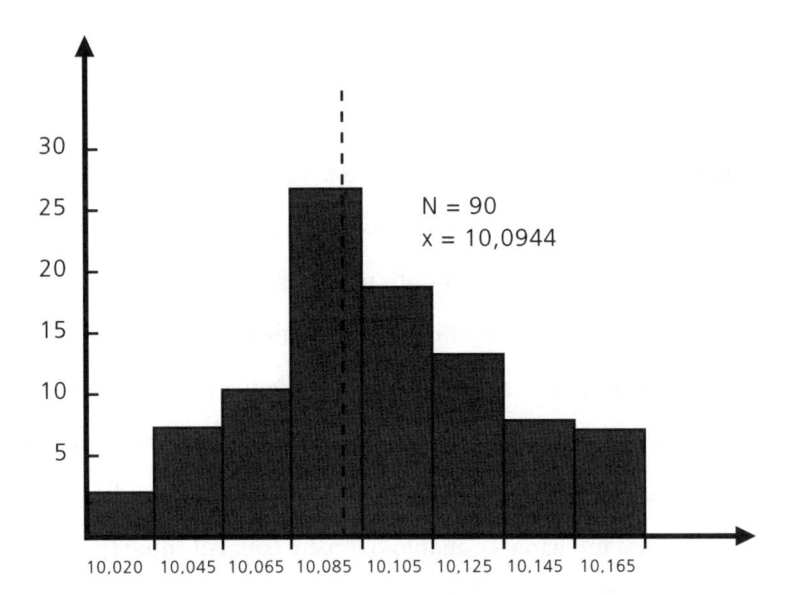

Histograma com eixo vertical de 5 a 30 e eixo horizontal de 10,020 a 10,165. N = 90, x = 10,0944.

Como podemos verificar, identificamos perfeitamente as classes e as frequências no histograma construído, permitindo uma análise por segmentos ou grupos de amostras e dados.

A maior parte das amostras realizadas indicam que o processo produz, com uma frequência maior, chapas com espessuras entre 10,075 e 10,095. Se quisermos melhorar o processo, devemos identificar e estabelecer padrões de qualidade com variações menores.

Na construção do histograma, estabelecemos uma série de medidas úteis à análise dos dados e da distribuição, visualizada por meio de sua representação gráfica. Identificamos, então, a forma da distribuição dos dados, a tendência central nos dados e a dispersão (o quanto os dados estão espalhados). A **média da amostra** é a medida de tendência central mais importante e é traduzida por:

$$\bar{x} = \frac{x_1 + x_2 + x_3 + ... + x_n}{n} = \frac{\sum_{i=1}^{n} x_i}{n}, \text{ em que:}$$

x_n = elementos amostrais
n = número de elementos amostrais

Outra medida de tendência central é a **mediana**, que se traduz por um valor que ocupa a posição central dos dados, colocados em ordem crescente e analisados. A quantidade dos dados pode ser par ou ímpar, o que dificulta a identificação da mediana. Se for ímpar, a mediana é o valor central da série e, se for par, é obtido através da média dos dois valores centrais.

Medida importante também é a **moda** ou **valor modal**, que é aquele que aparece frequentemente mais vezes em uma determinada amostra, ou seja, o que tem a maior frequência. Já as medidas de dispersão são utilizadas para verificar o quão dispersos são os valores da amostra apresentada. Constituem medidas de dispersão a amplitude total, o desvio quartil, o desvio médio, a variância e o desvio padrão.

A **amplitude total** é a diferença encontrada entre o maior e o menor valor da amostra considerada. Quando os dados estão agrupados em classes, a amplitude pode ser obtida pela diferença entre o ponto médio da última classe e o ponto médio da primeira classe ou a diferença entre o limite superior da primeira classe e o limite inferior da última classe.

O **desvio quartil** permite dividir a distribuição em quatro partes iguais, ou seja, com o mesmo número de elementos. A divisão se dá com o auxílio da mediana, em que o primeiro quartil (**quartil inferior**) é obtido através da mediana dos dados abaixo da mediana de toda a amostra; o segundo quartil é a própria mediana, enquanto o terceiro quartil (**quartil superior**) é a mediana dos dados superiores à mediana de toda a amostra. Assim, o desvio quartil é representado pela média da diferença entre o terceiro e o primeiro quartil.

O **desvio médio** é utilizado para analisar a dispersão dos valores de uma série ou amostra com relação à média e é representado por:

$$Dm = \frac{\sum |x_i - \overline{x}| \cdot f_i}{n}, \text{ em que:}$$

Dm = desvio médio
f_i = frequência da classe
n = número de elementos amostrais

A variabilidade dos dados amostrais é representada pela **variância amostral**. Somente existe variância se existe variação. Se todos os dados forem iguais, a variância da amostra é igual a $S^2 = 0$. Em outros casos, é representada por:

$$S^2 = \frac{\sum_{i=1}^{n}(x_i - \overline{x})^2}{n - 1}, \text{ em que } S^2 \text{ é a variância.}$$

A variação dos dados amostrais também pode ser representada pelo chamado **desvio padrão amostral**, que é traduzido por:

$$S = \sqrt{\frac{\sum_{i=1}^{n}(x_i - \overline{x})^2}{n-1}}, \text{ em que } S \text{ é o desvio padrão.}$$

Conforme Montgomery (2004), o resultado obtido com a aquisição dos dados caracteriza o tipo de distribuição. Em uma classificação geral, é possível ter duas distribuições de probabilidade: a distribuição discreta e a distribuição contínua.

A **distribuição discreta** se caracteriza quando o parâmetro que está sendo medido só pode assumir valores únicos, e a **distribuição contínua** acontece quando a variável que está sendo medida é expressa em uma escala contínua. Vejamos, a seguir, exemplos das duas distribuições.

gráfico 5.2

caso discreto e caso contínuo

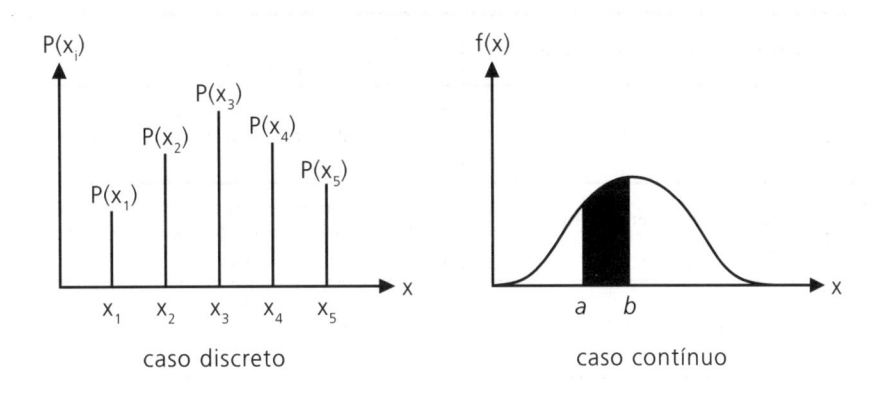

Fonte: MONTGOMERY, 2004.

Disso depreendemos que o estudo das distribuições permite ao gestor compreender melhor como se comporta uma amostra a partir de sua distribuição, possibilitando, então, a realização de inferências sobre a qualidade de um processo.

Com o crescente desenvolvimento dos mercados, é significativa também a utilização de parâmetros estatísticos para a caracterização da população, seja na resolução de problemas, seja na definição de tendências. O item a seguir elucida essa questão e constitui-se em uma aplicação prática das distribuições aqui apresentadas.

5.1.4 gráficos de controle

De acordo com Kume (1993), os gráficos de controle foram idealizados por Shewhart com a finalidade de separar as chamadas **causas assinaláveis**, aquelas passíveis de serem identificadas e acompanhadas, das **causas aleatórias**, aquelas cuja ocorrência não pode ser prevista. Para tanto, Shewhart idealizou os gráficos de controle, que podem ser de tipos diferentes, em função do controle que queremos executar. Esses tipos são apresentados no quadro a seguir, juntamente com uma descrição dos usos desenvolvidos.

quadro 5.2

tipos de gráficos de controle e usos

valor característico	nome	usos
valor contínuo (variáveis)	**gráfico x – r** (média e amplitude)	É usado para controlar e analisar valores, tais como comprimento, peso etc.
	gráfico x (valor individual)	É usado quando os dados de um processo são obtidos em intervalos muito grandes e não podem ser divididos em subgrupos.
valor discreto (atributos)	**gráfico pn** (número de itens defeituosos)	É usado quando a característica da qualidade é representada pelo número de itens defeituosos e amostras de tamanho constante.
	gráfico p (fração defeituosa)	É usado quando a característica da qualidade é representada pela fração defeituosa com amostras de tamanho variável.
	gráfico c (número de defeitos)	É usado para analisar um processo a partir dos defeitos em uma amostra de tamanho constante.
	gráfico u (número de defeitos por unidade)	É usado para analisar um processo a partir dos defeitos em uma amostra de tamanho variável.

Fonte: Adaptado de KUME, 1993.

Paladini (2002) aponta que o primeiro modelo básico caracteriza-se pela avaliação por variáveis (valor contínuo) e o segundo modelo, por atributos (valor discreto). No primeiro caso, a análise é quantitativa e temos interesse em determinar a variação e os desvios que ocorrem no processo. No segundo, as características de qualidade não são medidas. Assim, por exemplo, no acendimento de lâmpadas, apenas avaliamos se acendem ou não. Enquanto a análise do primeiro grupo (valor contínuo) é quantitativa, a análise do segundo (valor discreto) é qualitativa.

A representação dos gráficos de controle é, em geral, muito simples e de fácil compreensão, entretanto as análises resultantes são complexas e demandam estudos acessórios. Representamos o gráfico de controle com eixos nos quais determinamos as faixas de aceitação, trabalho ou operação, sendo que é por meio delas que realizamos a análise. A seguir, na Figura 5.2, apresentamos o modelo geral dos gráficos de controle.

figura 5.2

modelo de representação para os gráficos de controle

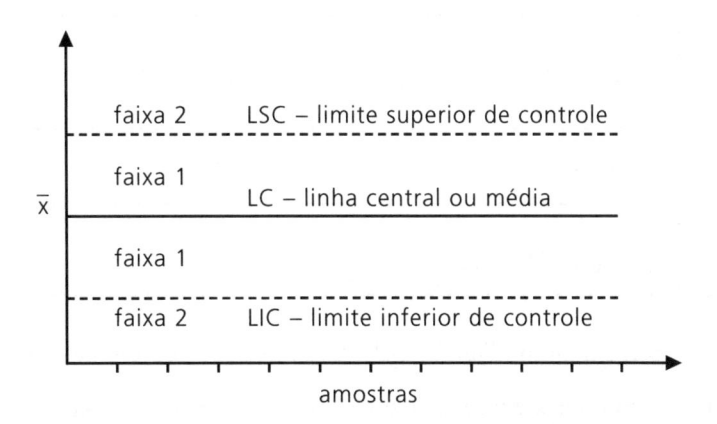

```
              faixa 2    LSC – limite superior de controle
            - - - - - - - - - - - - - - - - - - - - - - - - -
              faixa 1
      x̄                  LC – linha central ou média
              faixa 1
            - - - - - - - - - - - - - - - - - - - - - - - - -
              faixa 2    LIC – limite inferior de controle

                              amostras
```

Como podemos verificar no gráfico, o eixo vertical indica as amostras e o eixo horizontal é reservado à representação dos valores médios (LC), dos limites superiores de controle (LSC) e dos limites inferiores de controle (LIC). De forma geral, somente realizamos a aceitação dos valores se estes estiverem entre os limites superiores e inferiores representados no gráfico. Se os pontos estiverem fora dessa faixa, podemos afirmar que o processo está fora de controle e, portanto, devemos revisá-lo.

Para a aplicação dos gráficos de controle, temos a lista de fórmulas constantes do quadro a seguir, para o estabelecimento dos limites de controle. Os gráficos de controle, nesse caso, são construídos para uma especificação de controle de 3 σ (3 desvios padrões) em relação à média do processo.

quadro 5.3

formulário para gráficos de controle

tipo	limites (LSC → LC → LIC)
gráfico $\bar{x}$	$LSC = \bar{\bar{x}} + A_2\bar{R} \Rightarrow LC = \bar{\bar{x}} \Rightarrow LIC = \bar{\bar{x}} - A_2\bar{R}$
gráfico R	$LSC = D_4\bar{R} \Rightarrow LC = \bar{R} \Rightarrow LIC = D_3\bar{R}$
gráfico x	$LSC = \bar{x} + 2{,}66Rm \Rightarrow LC = \bar{x} \Rightarrow LIC = \bar{x} + 2{,}66Rm$
gráfico pn	$LSC = \bar{p}n + 3\sqrt{\bar{p}n(1-\bar{p})} \Rightarrow LC = \bar{p}n \Rightarrow LIC = \bar{p}n - 3\sqrt{\bar{p}n(1-\bar{p})}$
gráfico p	$LSC = \bar{p} + 3\sqrt{\dfrac{\bar{p}(1-\bar{p})}{n}} \Rightarrow LC = \bar{p} \Rightarrow LIC = \bar{p} - 3\sqrt{\dfrac{\bar{p}(1-\bar{p})}{n}}$
gráfico c	$LSC = \bar{c} + 3\sqrt{\bar{c}} \Rightarrow LC = \bar{c} \Rightarrow LIC = \bar{c} - 3\sqrt{\bar{c}}$
gráfico u	$LSC = \bar{u} + 3\sqrt{\dfrac{\bar{u}}{n}} \Rightarrow LC = \bar{u} \Rightarrow LIC = \bar{u} - 3\sqrt{\dfrac{\bar{u}}{n}}$

Para o gráfico x (apresentado no Quadro 5.3), o valor de Rm representa a amplitude móvel, uma vez que a amplitude não pode ser obtida já que os intervalos entre eles são muito grandes. Nos demais gráficos, $\bar{p}$ representa a fração defeituosa e n o tamanho do subgrupo ou lote analisado. Assim, $\bar{p}$ é traduzido por:

$$\bar{p} = \frac{\sum pn}{k \cdot n} \text{, em que:}$$

pn = número de itens defeituosos

k = quantidade dos subgrupos

Não basta que se construam os gráficos de controle, é necessário interpretá-los para que com eles seja possível identificar uma possibilidade de melhoria no processo em análise. Os seguintes critérios devem ser considerados:

1. pontos fora dos limites de controle;
2. sequência de pontos de controle em número superior a 6, acima ou abaixo da linha de controle;
3. quando as sequências de pontos apresentam uma tendência crescente ou decrescente;
4. quando 3 ou mais pontos consecutivos estão na faixa entre 2 e 3 sigmas;
5. a proximidade excessiva dos pontos em relação à linha central também pode indicar uma seleção errada na formação dos subgrupos;

6. quando a sequência dos pontos apresenta uma periodicidade, traduzindo uma tendência de pontos acima e abaixo da linha central.

> Na construção dos gráficos de controle, o objetivo maior é a identificação de causas de variação do processo em análise, com vistas à melhoria do processo.

Muitas vezes, os gráficos de controle somente permitem identificar o local de origem das causas, que podem ser obtidas por meio de ferramentas e processos complementares no estudo da qualidade. Quando se identificam essas causas, é preciso estabelecer e implementar as ações corretivas necessárias à solução do problema.

A situação exemplificada a seguir exibe uma aplicação da utilização dos gráficos de controle na identificação de situações-problema.

Exemplificando gráficos de controle por variáveis

Situação: uma empresa começou a realizar o atendimento de seus clientes em seu próprio estabelecimento e considera como item de controle mais importante o tempo de espera e atendimento do cliente, sendo que esse tempo deve situar-se em 12,00 min. ± 2,00 min. Os dados apresentados se referem às primeiras amostras obtidas.

quadro 5.4

amostras e medidas

número de amostras consideradas: 4 = k
tamanho das amostras: 4 = n
dados: 12,00 ± 2,00

amostra 1	medida 1	12,00	amostra 2	medida 1	10,00
	medida 2	13,00		medida 2	12,00
	medida 3	11,00		medida 3	13,00
	medida 4	13,00		medida 4	11,00
amostra 3	medida 1	12,00	amostra 4	medida 1	12,00
	medida 2	13,00		medida 2	14,00
	medida 3	14,00		medida 3	12,00
	medida 4	11,00		medida 4	11,00

Resolução: o gráfico é o tipo $\bar{x}$, uma vez que o valor analisado é mensurável; portanto, é feita a análise por variáveis. Assim, calcularemos os valores de $\bar{x}$ e $\bar{R}$ de cada amostra para, então, calcularmos $\bar{\bar{x}}$. No exemplo considerado temos:

Cálculo da média:

$$\bar{x}_1 = \frac{\sum x}{n} = \frac{12,00 + 13,00 + 11,00 + 13,00}{4} = 12,25 = \text{média da amostra 1, em que:}$$

n = tamanho do subgrupo ou o tamanho da amostra.

Cálculo da amplitude:

R_1 = maior valor − menor valor = 13,00 − 11,00 = 2,00 = amplitude da amostra 1.

Então, temos para as quatro amostras os seguintes valores e os respectivos cálculos de $\bar{\bar{x}}$ e $\bar{R}$:

quadro 5.5

média e amplitude

$\bar{x}$	$\bar{R}$	cálculos de $\bar{\bar{x}}$ e $\bar{R}$
$\bar{x}_1 = 12,25$	$R_1 = 2,00$	$\bar{\bar{x}} = \dfrac{\sum \bar{x}}{n} = \dfrac{12,25 + 11,50 + 12,50 + 12,25}{4} = 12,125$
$\bar{x}_2 = 11,50$	$R_2 = 3,00$	
$\bar{x}_3 = 12,50$	$R_3 = 3,00$	$\bar{R} = \dfrac{\sum R}{n} = \dfrac{2,00 + 3,00 + 3,00 + 3,00}{4} = 12,75$
$\bar{x}_4 = 12,50$	$R_4 = 3,00$	

Com os valores de $\bar{\bar{x}}$ e $\bar{R}$, podemos calcular os limites de controle para as amostras coletadas. Os valores de A_2, D_3, D_4 podem ser obtidos na tabela de coeficientes, de acordo com o tamanho do subgrupo ou o tamanho da amostra, nesse caso 4 amostras.

tabela 5.5

coeficientes para o gráfico $\overline{x}$, R e desvio padrão

n	desvios padrão			médias		amplitudes		
	C_2	B_3	B_4	A_2	A_3	D_2	D_3	D_4
2	0,7979	-	3,2670	1,8800	2,5900	1,1280	-	3,2670
3	0,8862	-	2,5680	1,0230	0,9540	1,6930	-	2,5750
4	0,9213	-	2,2660	0,7290	0,6280	2,0590	-	2,2820
5	0,9400	-	2,0890	0,5770	0,4270	2,3260	-	2,1150
6	0,9515	0,0300	1,9700	0,4830	1,2870	2,5340	-	2,0040
7	0,9594	0,1180	1,8820	0,4190	1,1820	2,7040	0,0760	1,9240
8	0,9650	0,1850	1,8150	0,3730	1,0990	2,8470	0,1360	1,8640
9	0,9693	0,2390	1,7610	0,3370	1,0320	2,9700	0,1840	1,8160
10	0,9727	0,2840	1,7160	0,3080	0,9750	3,0780	0,2230	1,7770
11	0,9754	0,3210	1,6790	0,2850	0,9270	3,1730	0,2560	1,7440
12	0,9776	0,3540	1,6460	0,2660	0,8860	3,2580	0,2840	1,7160
13	0,9794	0,3820	1,6180	0,2490	0,8500	3,3360	0,3080	1,6920
14	0,9810	0,4060	1,5940	0,2350	0,8170	3,4070	0,3290	1,6710
15	0,9823	0,4280	1,5720	0,2230	0,7890	3,4720	0,3480	1,6520
16	0,9835	0,4480	1,5520	0,2120	0,7630	3,5320	0,3640	1,6360
17	0,9845	0,4660	1,5340	0,2030	0,7390	3,5880	0,3790	1,6210
18	0,9854	0,4820	1,5180	0,1940	0,7180	3,6400	0,3920	1,6080
19	0,9862	0,4970	1,5030	0,1870	0,6980	3,6890	0,4040	1,5960
20	0,9862	0,5100	1,4900	0,1800	0,6800	3,7350	0,4140	1,5860
21	0,9876	0,5230	1,4770	0,1730	0,6630	3,7780	0,4250	1,5750
22	0,9882	0,5340	1,4660	0,1670	0,6470	3,8190	0,4340	1,5660
23	0,9887	0,5450	1,4550	1,1620	0,6330	3,8580	0,4430	1,5570
24	0,9892	0,5550	1,4450	0,1570	0,6190	3,8950	0,4520	1,5480
25	0,9896	0,5650	1,4350	0,1530	0,6060	3,9310	0,4590	1,5410

Vejamos os cálculos dos LSCs e dos LICs para a média e a amplitude.

quadro 5.6

limites de controle

média ($\overline{x}$)	amplitude (R)
$LSC = \overline{\overline{x}} + A_2\overline{R} = 12{,}125 + 0{,}729 \cdot 2{,}75 = 14{,}13$	$LSC = \overline{R} \cdot D_4 = 2{,}75 \cdot 2{,}282 = 6{,}28$
$LIC = \overline{\overline{x}} - A_2\overline{R} = 12{,}125 - 0{,}729 \cdot 2{,}75 = 10{,}12$	$LIC = \overline{R} \cdot D_3 = 2{,}75 \cdot 0 = 0$

Gráfico e aplicação

Na construção do gráfico da média, analisamos os pontos fora do gráfico, a tendência e a proporção padrão 70%.

gráfico 5.3

média

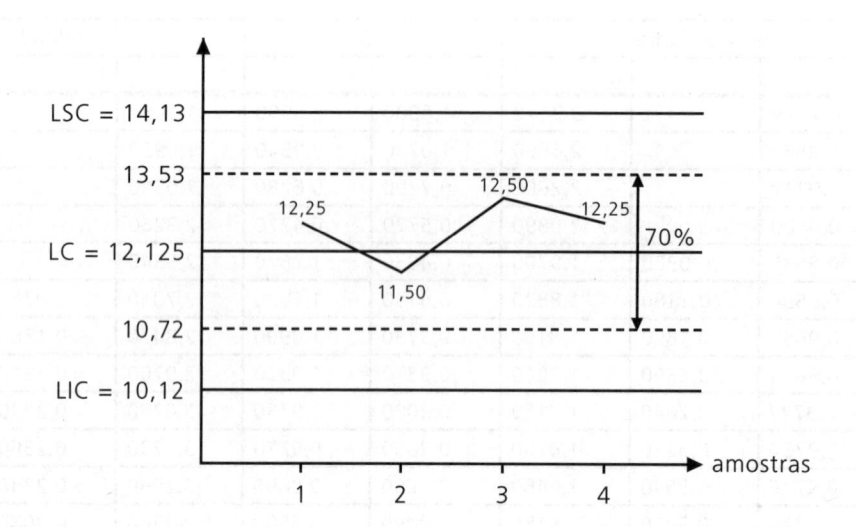

```
           ▲
LSC = 14,13 ─────────────────────────
           
    13,53  ─ ─ ─ ─ ─ ─ ─ ─ ─ ─ ─ ─
                            12,50
             12,25                  12,25
LC = 12,125 ─────────────────────────   70%
                    11,50
    10,72  ─ ─ ─ ─ ─ ─ ─ ─ ─ ─ ─ ─
           
LIC = 10,12 ─────────────────────────
           └──┬────┬────┬────┬──▶ amostras
              1    2    3    4
```

Consideramos que 70% dos pontos estarão em torno da linha média central se os pontos tiverem o comportamento de uma distribuição normal, representando aproximadamente 68,26% para σ (desvio padrão).

Na construção do gráfico da amplitude, analisarmos pontos fora do limite e o padrão de distribuição.

gráfico 5.4

amplitude

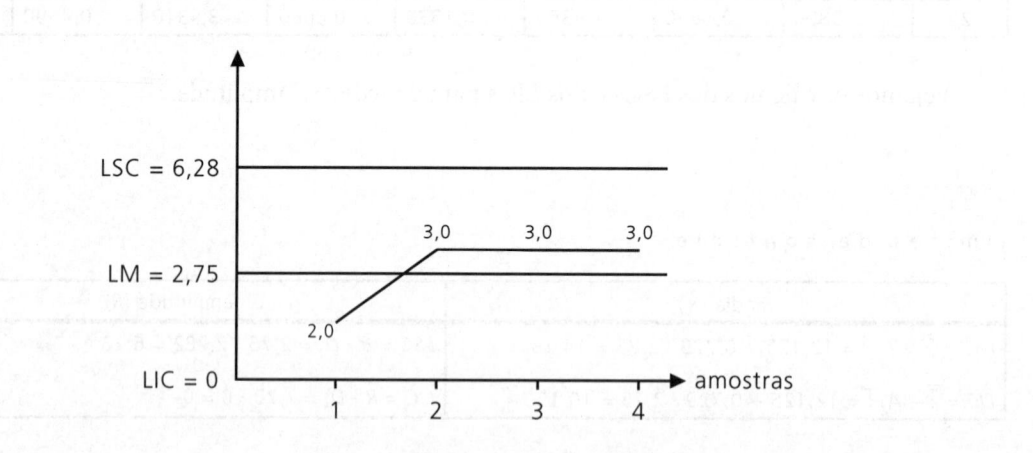

```
           ▲
LSC = 6,28 ─────────────────────────
           
                    3,0   3,0   3,0
LM = 2,75  ─────────────────────────
             2,0
LIC = 0    └──┬────┬────┬────┬──▶ amostras
              1    2    3    4
```

Conclusões: verificamos que não existem pontos fora dos limites de controle da média e da amplitude, de modo que o processo se mantém estável dentro dos parâmetros de 70% em torno da linha média, atendendo, inclusive, às necessidades da especificação de 12,00 min ± 2,00 min.

Portanto, nesse caso, com os dados apresentados, o processo é capaz de atender às especificações.

A seguir temos um exemplo em que consideramos a avaliação de características não numéricas para a identificação de defeitos.

Exemplificando gráficos de controle por atributos

Situação: em um processo de atendimento foi solicitado a todos os clientes que avaliassem o atendimento realizado pelo novo processo instalado, sendo que suas análises envolviam falhas, tais como falta de cordialidade e ineficácia no atendimento. Obtiveram-se, então, os dados apresentados na tabela a seguir. A norma para aceitação do processo é, no máximo, de 1 falha para 10 atendimentos.

Formulário básico e escolha: foi escolhido o gráfico tipo p, uma vez que a intenção era avaliar a existência ou não de defeitos.

tabela 5.5

amostras

número de amostras: 04
tamanho das amostras: 10   1 a cada 10

amostra	falhas (d) identificadas	total (n)	p = d/n
1	2	10	0,2000
2	1	10	0,1000
3	1	10	0,1000
4	2	10	0,2000
	6	40	0,1500

Fração defeituosa da amostra: $\bar{p} = \dfrac{\sum d}{\sum n} \rightarrow 6/40 = 0{,}15$

Limites de controle

P = fração defeituosa

$$LSC = \bar{p} + 3\sqrt{\dfrac{\bar{p}(1-\bar{p})}{n}} = 0{,}15 + 3\sqrt{\dfrac{0{,}15(1-0{,}15)}{10}} = 0{,}4887$$

$$LIC = \bar{p} - 3\sqrt{\dfrac{\bar{p}(1-\bar{p})}{n}} = 0{,}15 - 3\sqrt{\dfrac{0{,}15(1-0{,}15)}{10}} = -0{,}1887$$

Ao avaliarmos essas valores, verificamos que o LIC é um valor menor que zero. Portanto, devemos considerar como valor para o LIC o valor igual a zero.

gráfico 5.5

representação do resultado

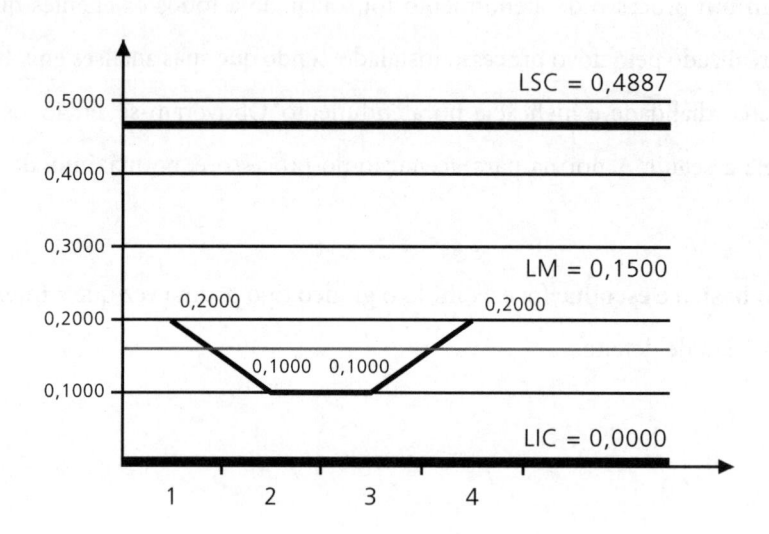

```
0,5000 ─────────────────────────── LSC = 0,4887
0,4000 ───────────────────────────
0,3000 ───────────────────────────
                                    LM = 0,1500
       0,2000              0,2000
0,2000 ───────────────────────────
           0,1000  0,1000
0,1000 ───────────────────────────
                                    LIC = 0,0000
        1    2    3    4
```

Conclusões: nenhum ponto está fora dos limites, o processo está sob controle, entretanto, não atende às especificações de 1 falha a cada 10 atendimentos. Uma simples verificação visual indica que o processo excede esse limite.

Para saber mais

Para saber um pouco mais sobre o autor dos gráficos de controle, consulte o *site* da ASQ e verifique as homenagens.

AMERICAN SOCIETY FOR QUALITY. **Who we are**: Walter A. Shewhart. Disponível em: <http://www.asq.org/about-asq/who-we-are/bio_shewhart.html>. Acesso em: 30 jul. 2010.

Síntese

Por meio do assunto apresentado você pôde perceber que a ordenada obtenção dos dados através de um processo estatístico permite ao gestor do processo a tomada de decisão baseada em dados científicos, ou seja, dados que provavelmente se repetirão caso as mesmas variáveis se apresentem nas mesmas condições. Isso traz um diferencial para o gestor na tomada de decisões. A elaboração do histograma permite que se realize a análise no comportamento de uma variável com base em uma amostra em um determinado instante, enquanto, os gráficos de controle permitem o acompanhamento das variáveis nele analisadas permitindo a tomada de decisão antes da ocorrência do problema. São fundamentos básicos necessários à compreensão da qualidade que é necessária a organização.

questão para revisão

1. Com relação ao exemplo das chapas de madeira (apresentado nesta seção), monte uma tabela que apresente os seguintes dados:

    » variável a ser analisada;
    » tamanho da amostra;
    » média;
    » mediana;
    » moda;
    » variância;
    » desvio médio;
    » desvio padrão;
    » valor mínimo;
    » valor máximo;
    » amplitude;
    » quartil inferior;
    » quartil superior.

Realize uma análise sucinta dos valores, indicando se, para o caso proposto anteriormente, estão conformes aos parâmetros normais de qualidade.

questão para reflexão

Os gráficos de controle são utilizados para análise e controle de diversos tipos de processos. Identifique processos distintos para cada um dos tipos de gráfico.

6
ferramentas de análise das causas

Conteúdos do capítulo

- » A utilização das ferramentas para análise das causas;
- » A utilização e aplicação do diagrama de Pareto;
- » A utilização e aplicação do diagrama de causa-efeito;
- » A criação e utilização dos gráficos de dispersão.

Após o estudo deste capítulo, você será capaz de:

- » Criar e realizar a análise com base em um diagrama de Pareto;
- » Identificar as causas através do diagrama de causa-efeito;
- » Reconhecer as formas de utilização do diagrama de causa-efeito;
- » Elaborar um gráfico de dispersão para duas variáveis;
- » Interpretar o coeficiente de correlação originário do gráfico de dispersão.

As ferramentas de análise das causas são utilizadas de muitas formas e não só na identificação das causas dos problemas. Muitos as utilizam como ferramentas de planejamento, antecipando-se aos problemas e procedendo à análise destes antes de ocorrerem, a fim de se prevenirem. O diagrama de Pareto, o diagrama de causa-efeito e os gráficos de dispersão são as ferramentas de análise das causas mais comumente utilizadas, as quais veremos a seguir.

6.1 diagrama de Pareto

O diagrama de Pareto é uma ferramenta desenvolvida por Joseph Juran a partir de análises e estudos realizados pelo economista italiano Vilfredo Pareto e pelo americano Max Otto Lorenz. Os estudos efetuados estabeleciam uma relação de 20/80 (lê-se "vinte para oitenta"), traduzida pelo seguinte exemplo: de todos os valores depositados em bancos, 80% deles são de propriedade de apenas 20% dos clientes, consequentemente os 20% de valores restantes são de propriedade de 80% dos clientes desses bancos. Assim, Juran estabeleceu uma classificação dos problemas de qualidade, dividindo-os em **poucos vitais** e **muitos triviais**, ou seja, a maior quantidade dos defeitos se refere a poucas causas.

Nesse sentido, o gráfico idealizado permite que sejam identificados e classificados aqueles problemas de maior importância e que devem ser corrigidos primeiramente. Ao solucionar o primeiro problema, um segundo se torna mais importante, permitindo que se dediquem maiores esforços na resolução daqueles sempre mais importantes, o que possibilita à organização um adequado uso de seus recursos em direção à melhoria da qualidade do processo e do produto.

> O gráfico de Pareto é uma poderosa ferramenta de construção, assemelhando-se muito aos histogramas.

Obtivemos, a partir de uma folha de verificação para item defeituoso, os dados apresentados na Tabela 6.1, a seguir, em que temos a quantidade em função do tipo de defeito apresentado na peça. Consideremos que seja necessário reduzir os problemas apresentados "atacando" aqueles de maior ocorrência. Para isso, construímos a tabela, ordenando os defeitos por uma quantidade maior de ocorrências. Assim, o defeito **riscos** deve ser relacionado primeiramente e, por penúltimo, o de menor ocorrência, nesse caso o defeito **cor**. Existe também o item **outros**, que se refere a diversos defeitos que não são significativos inicialmente, mas que devem também ser considerados para a análise. Com a quantidade ordenada dos itens, estabelecemos as quantidades acumuladas de defeitos em unidades, calculamos os percentuais por defeitos e os percentuais acumulados e temos, assim, os resultados indicados na tabela a seguir.

tabela 6.1

tabela para construção do gráfico de Pareto

defeito	ocorrências			
	quantidade (q)	acumulada (a)	quantidade (%)	acumulada (%)
riscos	24	24	29,27%	29,27%
deformação	17	41	20,73%	50,00%
trincas	13	54	15,85%	65,85%
frestas	10	64	12,20%	78,05%
rugosidade	8	72	9,76%	87,80%
cor	7	79	8,54%	96,34%
outros	3	82	3,66%	100,00%
		82	100,00%	

Verificamos, nesse caso, que o item **risco** representa 29,27% dos problemas detectados no processo de fabricação da peça.

Após ordenarmos os itens pela quantidade dos maiores para os menores problemas, deixando o item *outros* para o final, iniciamos a construção do diagrama (Gráfico 6.1), definindo dois eixos verticais, um pelo número de defeitos, que varia de 0 a 82, e outro que varia percentualmente pelo número de defeitos. Na horizontal, indicamos o tipo do defeito na ordem descrita anteriormente. Estabelecendo barras para a caracterização do número de defeitos, temos o defeito **riscos** com sua barra indo até a quantidade de ocorrências registradas. Repetimos o processo para os outros itens na sequência estabelecida. Marcamos também, para acompanhamento, os valores acumulados em percentuais, por meio de um gráfico de linha, o que permite a visualização total de todos os problemas comparativamente.

gráfico 6.1
diagrama de Pareto por itens defeituosos

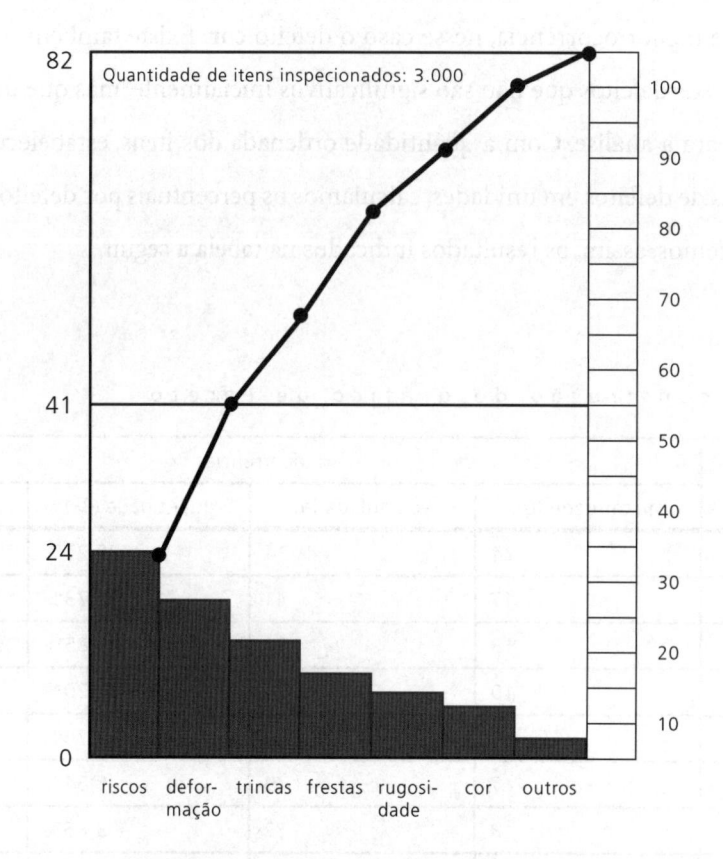

Quantidade de itens inspecionados: 3.000

riscos	24
deformação	
trincas	
frestas	
rugosidade	
cor	
outros	

Totais: 82 (acumulado), marcação em 41.

Podemos verificar visualmente o impacto que o gráfico traduz. Fica evidenciado que o item **riscos** é o causador do maior número de defeitos e que, se o "atacarmos", isto é, se nos concentrarmos em sua resolução, reduziremos o maior número de defeitos apresentados. Portanto, além da análise, um dos maiores benefícios trazidos pelo gráfico é o seu formato simplificado, que torna possível sua transmissão aos funcionários com relativa facilidade.

Podemos realizar a construção do diagrama de Pareto para a obtenção de dois tipos de resultados:

1. **diagrama de Pareto por causas**, cujo objetivo é identificar a maior causa do problema, como na situação apresentada no exemplo anterior;
2. **diagrama de Pareto por efeitos**, cujo objetivo é identificar o maior problema, que é obtido a partir dos efeitos indesejados apresentados no processo.

6.2 diagrama de causa-efeito

Em 1953, Ishikawa consolidou estudos realizados em uma fábrica na forma de um diagrama de causa-efeito. Essa representação gráfica permite estabelecer, após uma análise criteriosa, quais são as causas (problemas que dão início à ocorrência do problema maior) que fazem com que o efeito ocorra. É um diagrama que pretende mostrar a relação entre uma característica da qualidade e seus diversos fatores determinantes.

Existem dois métodos representativos que podemos utilizar na construção desse diagrama:

1. **Diagrama de causa-efeito para identificação de causas** – Partimos de um problema existente e tentamos, por meio da aplicação do diagrama, identificar as possíveis causas de seu aparecimento. Salientemos que o processo deve ser muito bem conhecido para ser efetivo. O analista deve saber, ou ter em mãos, todos os dados do processo, para que possa realmente identificar a(s) causa(s) que deu (deram) origem ao efeito.

2. **Diagrama para levantamento sistemático das causas** – É utilizado para identificar sistematicamente as causas, ou seja, estruturar o problema com vistas a sua possível resolução.

Os dois diagramas de Ishikawa são muito utilizados na avaliação da qualidade, uma vez que permitem a geração de melhorias e o conhecimento do processo, representando os fatores fundamentais da qualidade. Na figura a seguir, apresentamos o diagrama básico de Ishikawa, também chamado de *causa-efeito* ou *espinha de peixe*.

figura 6.1

diagrama básico de causa-efeito ou espinha de peixe

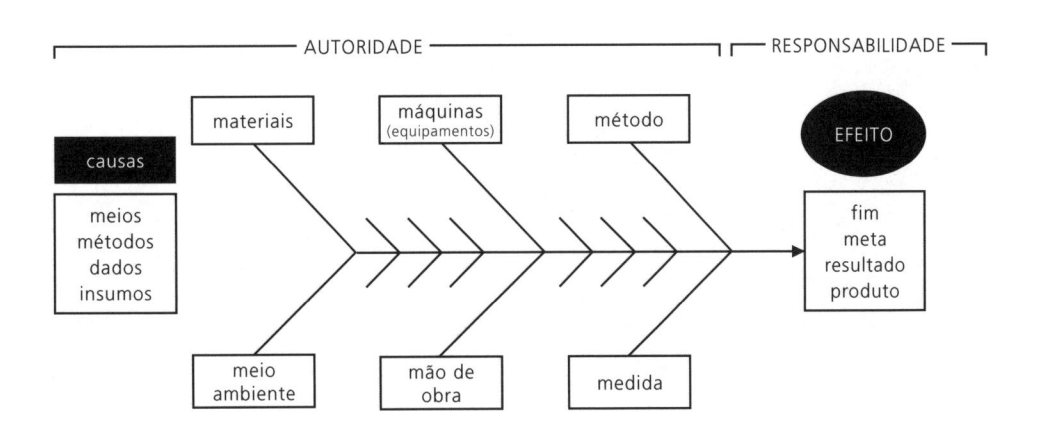

Fonte: Adaptado de SANT'ANA; BLAUTH, 1999.

Como podemos perceber, o diagrama pode ser ajustado às necessidades da organização, primeiramente no estabelecimento das responsabilidades por meio da designação da autoridade de cada elemento ou ação. Percebemos também que a análise é representada pelos 6 Ms, que são:

- » 1 M (materiais): refere-se à análise das características de materiais quanto à sua uniformidade, padrão etc.;
- » 2 M (máquina): diz respeito à operacionalização do equipamento e ao seu funcionamento adequado;
- » 3 M (método): considera a forma como serão desenvolvidas as ações;
- » 4 M (meio ambiente): avalia qual situação pode ser a causa de um determinado efeito (situações de execução e/ou de infraestrutura fixa);
- » 5 M (mão de obra): caracteriza o padrão da mão de obra utilizada, se ela é devidamente treinada, se tem as habilidades necessárias, enfim, se está qualificada para o desempenho da tarefa;
- » 6 M (medida): traduzida pela forma como os valores são representados (por distância, tempo, temperatura etc.) e pelos instrumentos de medição utilizados.

Os 6 Ms são os aspectos que caracterizam as causas ou as ações que produzem os efeitos. No exemplo a seguir (Figura 6.2), podemos verificar sua aplicação.

O diagrama é de fácil representação ou construção, como podemos perceber, e o próprio nome indica que ele tem um formato de espinha de peixe. Na extremidade, que se assemelha à cabeça do peixe, temos o problema ou o efeito apresentado. Vejamos o exemplo a seguir.

figura 6.2

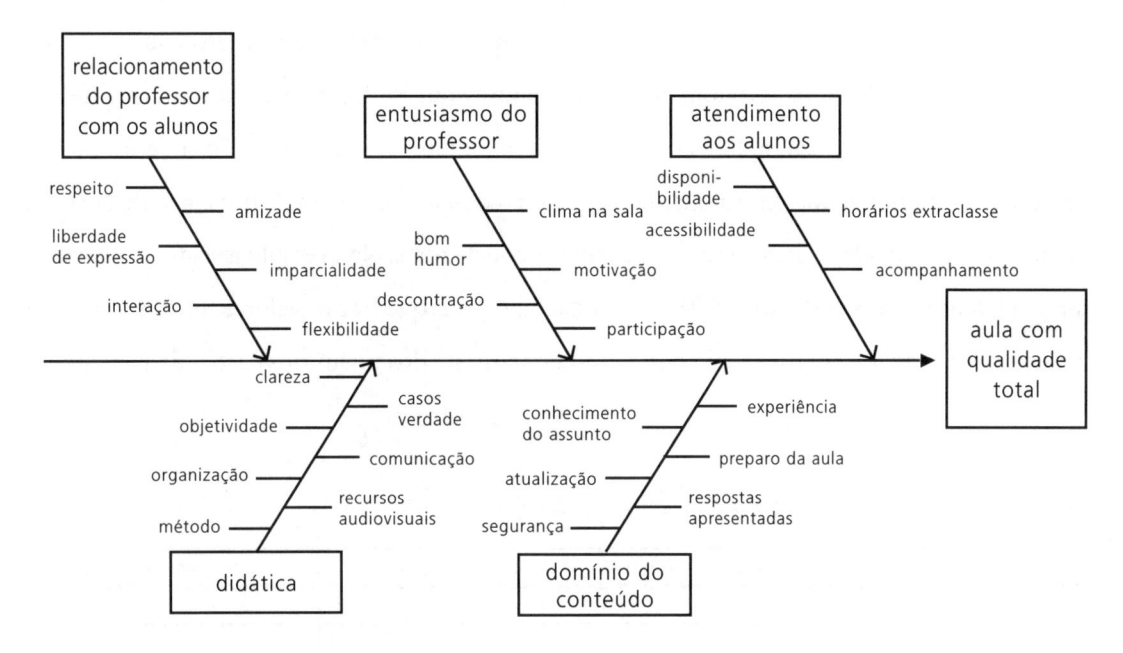

diagrama de causa-efeito para uma aula com qualidade total

```
                    relacionamento          entusiasmo do          atendimento
                    do professor            professor              aos alunos
                    com os alunos

         respeito                                   disponi-
                        amizade         clima na sala  bilidade      horários extraclasse
         liberdade                       bom           acessibilidade
         de expressão   imparcialidade   humor  motivação            acompanhamento
         interação                descontração                                      aula com
                    flexibilidade              participação                         qualidade
    ─────────────────────────────────────────────────────────────────────────────►  total
                clareza
                            casos         conhecimento   experiência
        objetividade        verdade        do assunto
                            comunicação   atualização    preparo da aula
        organização         recursos                     respostas
        método              audiovisuais  segurança      apresentadas

                    didática                domínio do
                                            conteúdo
```

Fonte: Adaptado de SANT'ANA; BLAUTH, 1999.

Os 6 Ms estão representados pelos cinco grandes grupos anotados na espinha, que são: atendimento ao aluno, domínio do conteúdo, entusiasmo do professor, didática, relacionamento do professor com os alunos. A partir daí, identificamos quais elementos compõem cada um dos grupos e realizamos sua análise verificando a ocorrência ou não do efeito apresentado como consequência.

Portanto, podemos utilizar a ferramenta para a identificação de efeitos positivos e negativos, o que possibilita a potencialização do primeiro e a eliminação do segundo.

6.3
gráfico de dispersão

Quando um item depende de outro, dizemos que são itens interdependentes, ou seja, o que ocorre com um deles causa efeito no outro. Por exemplo, a temperatura em que uma peça é submetida determina o seu grau de dureza. Assim, para que o metal fique com a dureza desejada, devemos ter a temperatura adequada, o que mostra que, muitas vezes, é essencial estudar a relação entre duas variáveis associadas.

O **gráfico de dispersão** é uma ferramenta que possibilita o estudo dessa relação, indicando, inclusive, os parâmetros de variação que definirão o padrão de qualidade (Kume, 1993). Como exemplificado, na qualidade podemos relacionar uma característica e um fator que a afeta, ou duas características que se relacionam, ou dois fatores que se ligam pela mesma característica da qualidade. Em outro exemplo, podemos relacionar a temperatura de um forno em função da quantidade de gás liberada para a queima, ou ainda o desgaste do pneu de um carro de Fórmula 1 em função da velocidade ou até mesmo da rugosidade da pista. No exemplo a seguir, construímos um gráfico de dispersão (Gráfico 6.2) a partir da Tabela 6.2, que traz os valores representativos das leituras de velocidade em função do acréscimo do desgaste dos pneus dos carros de Fórmula 1.

tabela 6.2

acréscimo de velocidade *versus* desgaste

amostra	acréscimo de velocidade em milhas/hora	desgaste em mm
1	1,0	0,332
2	1,3	0,334
3	1,2	0,330
4	1,1	0,333
5	0,9	0,330
6	1,3	0,332
7	1,5	0,333
8	1,4	0,335
9	1,7	0,334
10	1,5	0,336

O que queremos avaliar é a condição de desgaste do pneu em função do aumento de velocidade imprimida pelo piloto de Fórmula 1. No gráfico mostrado a seguir, o eixo vertical refere-se ao desgaste dos pneus e o eixo horizontal representa o acréscimo de velocidade que originou o desgaste. Levamos em conta, ainda, para a construção do gráfico, os valores máximos e mínimos dos pares de dados, com vistas a estabelecermos os limites dos eixos horizontal e vertical e marcamos os pontos conforme as amostras obtidas.

Obtivemos o gráfico a seguir com uma distribuição de pontos muito regular, o que nos permite, com razoável grau de aceitação, definir a equação da reta.

gráfico 6.2

distribuição gráfica de dispersão para pneus

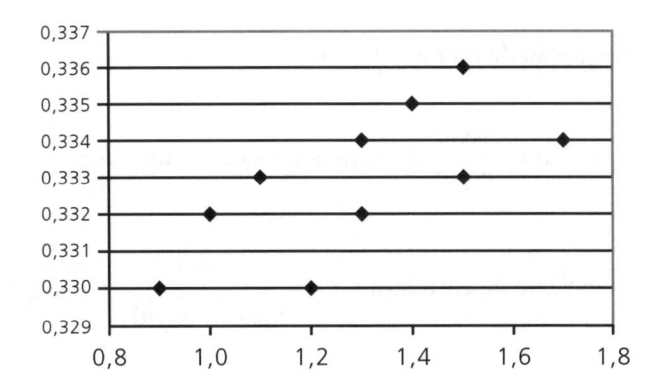

Observemos que os dados originados da tabela e do gráfico nos possibilitam estabelecer a tendência do desgaste do pneu em função da velocidade por meio da determinação de uma equação de reta ($y = a + bx$). Vejamos, a seguir, a representação gráfica da reta e a geração da equação da reta correspondente.

gráfico 6.3

equação da reta e determinação da tendência

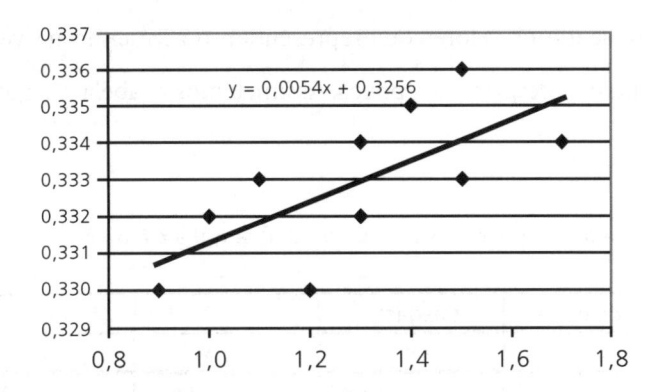

Como podemos observar, definimos a equação da reta em $y = 0{,}0054x + 0{,}3259$, que traduz o comportamento do desgaste do pneu. Isso significa que, para um acréscimo de velocidade igual a 2,5 milhas/hora, temos:

$Y = 0{,}0054 \cdot 2{,}5 + 0{,}3256 \rightarrow Y(\text{desgaste}) = 0{,}339$, o que corresponde à projeção da reta para esse acréscimo de velocidade.

Entretanto, somente isso não é suficiente para assegurar que o resultado obtido seja correto. Devemos verificar se não existe outra possibilidade, outra reta que responda ao problema ou se a nossa reta representa a melhor solução. Esta, por sua vez, vem acompanhada de uma verificação realizada com o coeficiente de correlação (r), que indica se essa reta é a mais adequada à solução do problema.

Para calcularmos a equação da reta $y = a + bx$:

$$a = \bar{y} - b \cdot \bar{x} \quad \text{e} \quad b = \frac{S(xy)}{S(xx)} \text{ (vejamos a seguir)} \quad \text{ou} \quad b = \frac{\sum(x - \bar{x})(y - \bar{y})}{\sum(x - \bar{x})^2}$$

Para calcularmos o coeficiente de correlação $r = \dfrac{S(xy)}{\sqrt{S(xx) \cdot S(yy)}}$:

$$S(xy) = \sum_{i=1}^{n}(x_i y_i) - \frac{\sum_{i=1}^{n} x_i \cdot \sum_{i=1}^{n} y_i}{n} \quad \text{e} \quad S(xx) = \sum_{i=1}^{n} x_i^2 - \frac{(\sum_{i=1}^{n} x_i)^2}{n}$$

$$S(yy) = \sum_{i=1}^{n} y_i^2 - \frac{(\sum_{i=1}^{n} y_i)^2}{n}$$

Para a aplicação das fórmulas ao problema proposto, elaboramos uma tabela para o fornecimento dos valores necessários à aplicação. Consideramos, conforme o gráfico construído, os valores para x como sendo os valores que representam o acréscimo na velocidade e para y os valores que representam o desgaste nos pneus. Assim, temos a tabela a seguir.

tabela 6.3

tratamento de dados para cálculo da equação da reta

amostra	velocidade X	desgaste Y	X . Y	X²	Y²
1	1,0	0,332	0,3320	1,00	0,1102
2	1,3	0,334	0,4342	1,69	0,1116
3	1,2	0,330	0,3960	1,44	0,1089
4	1,1	0,333	0,3663	1,21	0,1109
5	0,9	0,330	0,2970	0,81	0,1089
6	1,3	0,332	0,4316	1,69	0,1102
7	1,5	0,333	0,4995	2,25	0,1109
8	1,4	0,335	0,4690	1,96	0,1122
9	1,7	0,334	0,5678	2,89	0,1116
10	1,5	0,336	0,5040	2,25	0,1129
Σ	12,9	3,329	4,2974	17,19	1,1083
média	1,29	0,3329			

Devemos calcular, primeiramente, o valor das médias de x e de y e, então, calcular b de acordo com uma das equações fornecidas. Assim, temos:

$$S(xy) = 4{,}2974 - \frac{12{,}9 \cdot 3{,}329}{10} \quad \text{e} \quad S(xx) = 17{,}19 - \frac{(12{,}9)^2}{10}$$

Portanto, temos:

$$b = \frac{S(xy)}{S(xx)} = \frac{0{,}00299}{0{,}549} = 0{,}0054$$

$$a = 0{,}3329 - 0{,}0054 \cdot 1{,}29 = 0{,}3259$$

A equação da reta fica igual a:

$$y = 0{,}3259 + 0{,}0054x$$

Calculamos, agora, o coeficiente de correlação (r). Como somente nos resta calcular o valor de $S(yy)$ para a sua determinação, temos:

$$S(yy) = 1{,}1083 - \frac{(3{,}329)^2}{10} = 0{,}00004 \quad \text{e} \quad r = \frac{0{,}00299}{\sqrt{0{,}549 \times 0{,}00004}} = 0{,}68$$

Verificamos, pelo valor do coeficiente, que ele tem um ajuste regular, devendo ser utilizado com informações complementares. Um coeficiente de correlação que indica um bom ajuste da reta deverá estar o mais próximo do módulo de 1.

Observamos, por meio do estudo das ferramentas examinadas nesta seção, que o controle das variáveis possibilita a identificação de tendências e a realização de um planejamento adequado, que aponte para uma posição futura.

Para saber mais

Um bom livro para se aprofundar no estudo de diagramas de dispersão é:

MONTGOMERY, D. C.; RUNGER, G. C. **Estatística aplicada e probabilidade para engenheiros**. 2. ed. Rio de Janeiro: LTC, 2008.

Síntese

Você pôde verificar neste capítulo as ferramentas para análise das causas. Verificou que o diagrama de Pareto nos auxilia na análise dos dados e na tomada de decisão, e que o diagrama de causa-efeito é uma ferramenta poderosa que pode ser utilizada para identificar as causas boas e as ruins. Verificamos finalmente os critérios utilizados para estabelecer se duas variáveis têm correlação, ou seja, quando uma se altera a outra variável também se altera dentro de um padrão, permitindo uma análise mais complexa dos sistemas.

questões para revisão

1. Indique os dois maiores benefícios proporcionados pelo diagrama de Pareto por causas.
2. Os 6 Ms traduzem itens de análise de processos para o enquadramento e a identificação de suas ramificações. Realize um diagrama de Ishikawa para o problema "derrota" em uma partida de vôlei.
3. A variação em um processo caracteriza sua dispersão. Justifique essa afirmativa.
4. Construa um gráfico de dispersão avaliando duas variáveis identificáveis. Descreva o processo.

questão para reflexão

Quando avaliamos a dispersão, estamos trabalhando com duas variáveis que se relacionam. Pesquise:
- » quais ferramentas representativas podem ser utilizadas para relacionar três variáveis ou mais;
- » como podemos validar ou estabelecer se elas guardam uma relação válida.

7 ferramentas para análise e tomada de decisão

Conteúdos do capítulo

- » Apresentação das ferramentas para análise e tomada de decisão;
- » A utilização da matriz GUT nos critérios de decisão;
- » A avaliação de processos através de distribuições para a realização da análise e controle;
- » A realização da análise comparativa do índice de Capacidade Cp.

Após o estudo deste capítulo, você será capaz de:

- » Analisar e criar uma estrutura para utilização da matriz de decisão GUT;
- » Identificar a distribuição normal e seu comportamento;
- » Relacionar a distribuição normal e a capacidade de um processo;
- » Interpretar o índice de capacidade do processo;
- » Realizar análise comparativa do índice de capacidade.

Por meio do processo que instauram, as ferramentas para análise e tomada de decisão buscam a resolução do problema e indicam a decisão a tomar. Considerando ainda que a decisão é uma atribuição humana, essas ferramentas ajudam a direcionar e a justificar a decisão a ser tomada. Algumas dessas ferramentas são a matriz de decisão ou matriz GUT, a avaliação dos processos, o Masp e a votação múltipla ou Técnica Nominal de Grupo (NGT).

Nesta última, as decisões são tomadas a partir de uma série de votações e restringem-se as alternativas a cada votação realizada. É, pois, um processo em que se ordenam os votos em grau de importância. O documento que traduz a geração não personalizada da ideia e a decisão de adotá-la ou não é estabelecido pelo grupo, que também não declara o seu voto, mantendo-se a escolha pela maioria sem qualquer identificação.

7.1 matriz de decisão ou matriz GUT

As letras que compõem o nome da matriz GUT referem-se às palavras *gravidade*, *urgência* e *tendência*. A gravidade diz respeito à importância do problema examinado em relação a outros apresentados; a urgência implica a ideia de quão importante é a ação temporal; a tendência indica o sentido da gravidade do problema, se ele tende a crescer ou a diminuir com a ação do tempo.

A matriz GUT considera, além da gravidade do problema, da urgência na tomada de ações e da tendência delineada, o relacionamento entre os três fatores de análise, caracterizando, assim, a matriz, que se apresenta com a configuração (fatores e pesos de avaliação) mostrada no quadro a seguir.

quadro 7.1

modelo conceitual para a matriz GUT

valor	gravidade	urgência	tendência	G·U·T
5	gravíssima	ação imediata	agravar rapidamente	125
4	muito grave	ação rápida	agravar no curto prazo	64
3	grave	ação normal	agravar no médio prazo	27
2	pouco grave	ação lenta	agravar no longo prazo	8
1	menor gravidade	pode esperar	acomodar	1

Como podemos ver, a matriz GUT estabelece pesos de acordo com o nível de importância de cada fator, permitindo que se possam dirigir ações para aqueles que mais impacto negativo terão na organização. Assim, para um problema considerado gravíssimo, o peso atribuído a ele é 5 (o maior deles); se esse problema necessitar de uma ação imediata, teremos também o peso 5 para a urgência e, se a tendência do problema for se agravar no curto prazo, atribuiremos um peso 4. Desse modo, o valor da matriz GUT para o problema apresentado será de (G) 5 · (U) 5 · (T) 4, totalizando 100 pontos.

Por exemplo, em uma organização foram identificados diversos problemas de atendimento ao cliente que devem ser avaliados para a realização da tomada de decisão pelos gestores. Os problemas foram identificados de diversas formas: a partir da recomendação dos clientes, da observação do supervisor e das informações obtidas dos atendentes, conforme quadro a seguir.

quadro 7.2

identificação de problemas de atendimento ao cliente

problema	G	U	T	G · U · T
tempo de atendimento muito elevado	2	3	4	24
falta de motivação dos atendentes	3	5	3	45
informações contraditórias fornecidas pelos atendentes, causando demoras	4	4	3	48
má qualificação dos atendentes	5	5	3	75
informações incompletas fornecidas pelo cliente que impedem o atendimento	1	1	2	2

Ao analisarmos os resultados apresentados pela matriz, identificamos que o problema que deve ser resolvido em primeiro lugar é o da **má qualificação dos atendentes**. Assim, como ação que direciona os recursos da organização para a melhoria, poderiam ser estabelecidos treinamentos periódicos aos atendentes para fornecer a eles maior qualificação.

Os problemas em análise necessariamente não precisam estar relacionados, podendo ser realizada a análise por meio de diversos setores da organização para uma tomada de decisão. Portanto, a matriz permite um direcionamento adequado de recursos, fazendo com que a organização potencialize a solução a ser estabelecida.

> **Para saber mais**
>
> Amplie um pouco mais seus conhecimentos acessando a o *site* que traz a dissertação *Avaliação e gerenciamento dos custos da não qualidade* verificando outra aplicação da matriz GUT e do gerenciamento por processos (capítulo 2).
>
> CORAL, E. **Avaliação e gerenciamento dos custos da não qualidade**. Dissertação (Mestrado em Engenharia da Produção) – Universidade Federal de Santa Catarina, Florianópolis, 1996. Disponível em: <http://www.eps.ufsc.br/disserta96/coral/cap2/cap2_cor.htm>. Acesso em: 2 ago. 2010.

7.2 avaliação de processos

Na avaliação de processos, são utilizadas ferramentas para responder a perguntas e tomar decisões em direção a três elementos básicos: o cliente, o produto e o processo de fabricação ou fornecimento do serviço. Três questionamentos podem dar início ao processo: (1) O desejo e as necessidades do cliente estão sendo satisfeitos? (2) O produto ou serviço atende às especificações? (3) O processo de fabricação ou fornecimento do produto está de acordo com o planejamento?

A avaliação pode ser realizada em três etapas: a definição dos itens de controle, ou seja, as características de qualidade que serão avaliadas, a observação sistemática dos dados e o cálculo do índice de capacidade. Também no processo são verificadas a estabilidade, a normalidade e a competência. A estabilidade de um processo é a característica indicativa de que este está sob controle, com previsibilidade futura, como visto anteriormente em gráficos de controle. A normalidade do processo diz respeito à característica da amostra que segue uma distribuição normal, prevista estatisticamente. No gráfico a seguir, constam as características da distribuição normal.

gráfico 7.1

distribuição normal, μ, σ e probabilidades

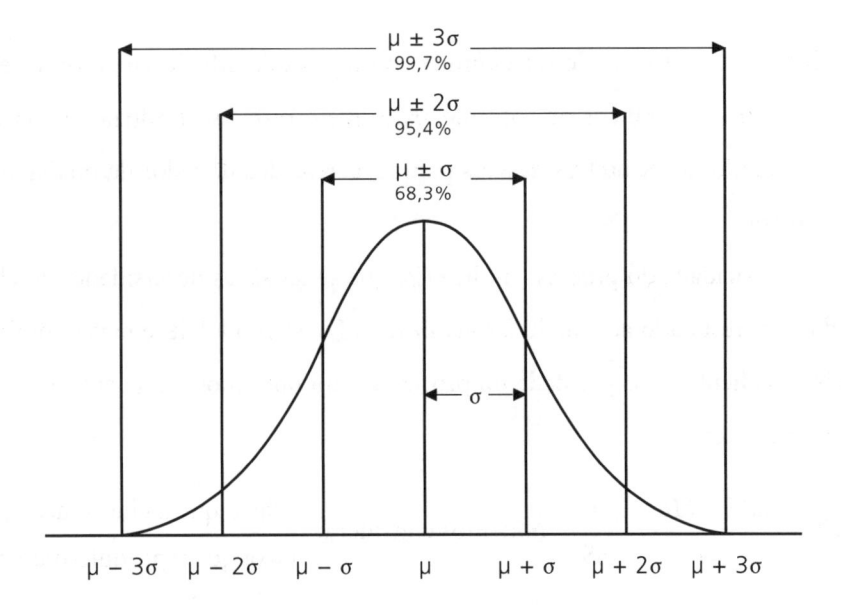

(gráfico: curva normal com marcações μ ± σ (68,3%), μ ± 2σ (95,4%), μ ± 3σ (99,7%); eixo com μ − 3σ, μ − 2σ, μ − σ, μ, μ + σ, μ + 2σ, μ + 3σ)

Finalmente, a competência do processo é traduzida por sua capacidade de atender às especificações do cliente. Tal capacidade representa a faixa de valores que se prevêem para a maioria dos resultados futuros do processo em relação às especificações do projeto do produto.

O próximo gráfico mostra a capacidade do processo dentro da distribuição normal, em que também é representada pela amplitude total.

gráfico 7.2

distribuição normal indicando a capacidade do processo

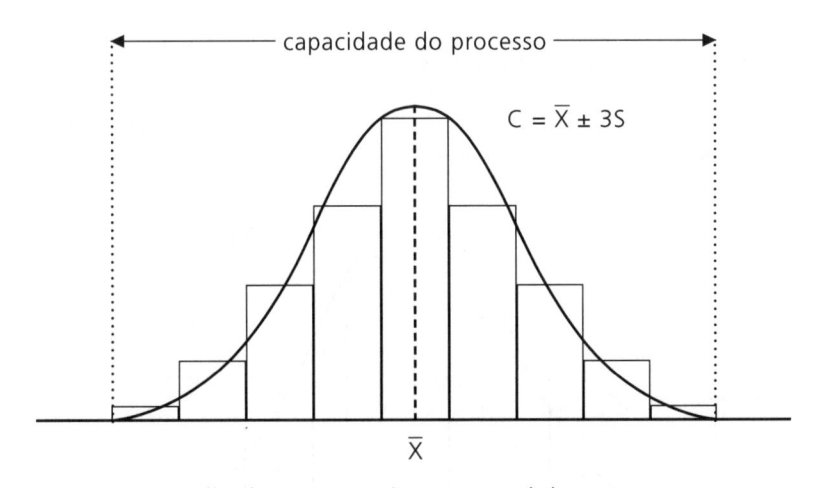

(gráfico: histograma com curva normal sobreposta, capacidade do processo $C = \overline{X} \pm 3S$, centrado em $\overline{X}$)

amplitude = 6S = variação natural do processo

O resultado da avaliação é um índice numérico que irá identificar se o cliente está ou não satisfeito com o produto, direcionando os esforços da organização para o atendimento de suas necessidades.

A capacidade do processo pode ser definida como a habilidade de satisfazer as exigências do cliente. Como visto em gráficos de controle, para que o processo traduza a variação de satisfação, são considerados ± 3S, ou três desvios padrão, acrescidos do valor da média, neste caso em relação à amostra.

O índice de capacidade do processo, índice Cp, que se iguala às necessidades do cliente, é aquele que traduz um resultado adequado à organização. Desse modo, deve haver equilíbrio entre as necessidades do cliente e a capacidade do processo. Para obtermos a capacidade do processo em termos numéricos, temos:

$$Cp = \frac{LSE - LIE}{6S} = \frac{T}{6S} \quad \text{podemos considerar} \quad \frac{\text{faixa que o cliente aceita}}{\text{faixa que o produto oferece}}$$

em que:

LSE = limite superior de especificação

LIE = limite inferior de especificação

$T = LSE - LIE$

Assim, o índice de capacidade do processo pode ser calculado e representado graficamente em três situações. Na primeira, o cliente aceita com sobras o que é produzido no processo, representado pelo gráfico a seguir.

gráfico 7.3

distribuição normal indicando $Cp = 1,33$

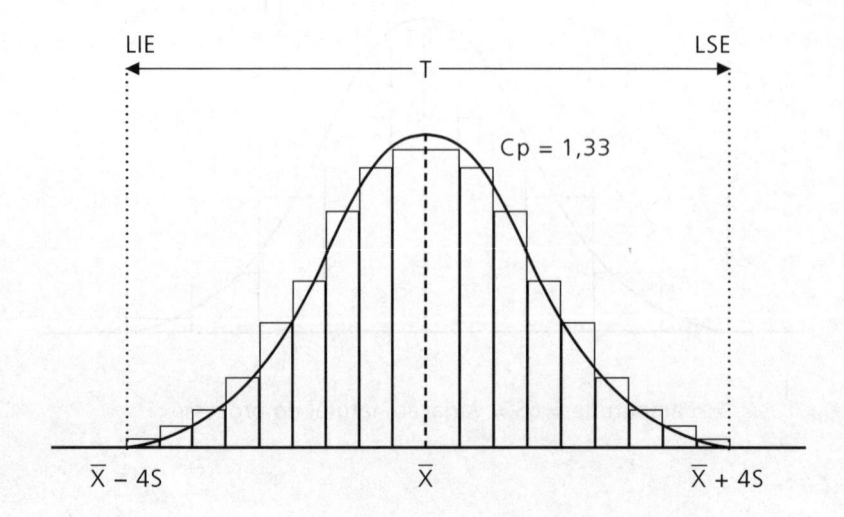

Na segunda situação, o cliente aceita exatamente o que é produzido no processo, o que indica que este está devidamente ajustado às necessidades do cliente, como podemos ver pelo gráfico, a seguir.

gráfico 7.4

distribuição normal indicando Cp = 1,00

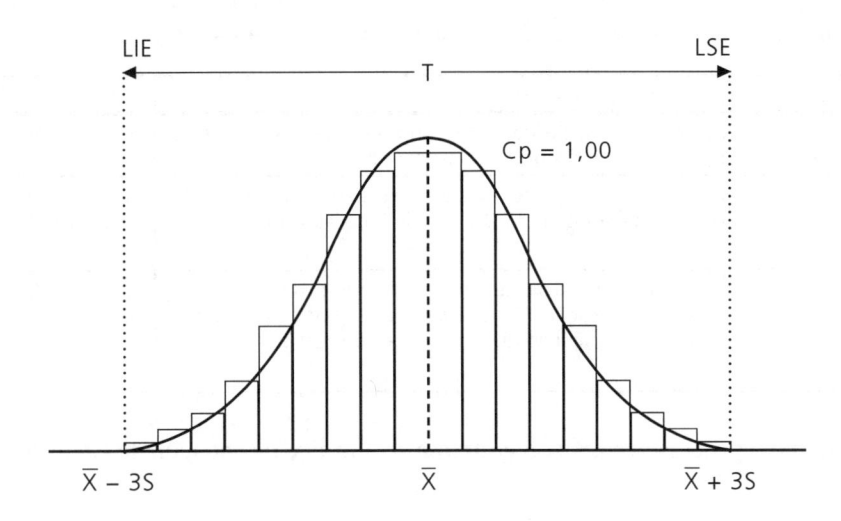

E, finalmente, quando o processo não é totalmente aceito pelo cliente, causa perdas prováveis à organização, situação representada no gráfico a seguir.

gráfico 7.5

distribuição normal indicando Cp = 0,67

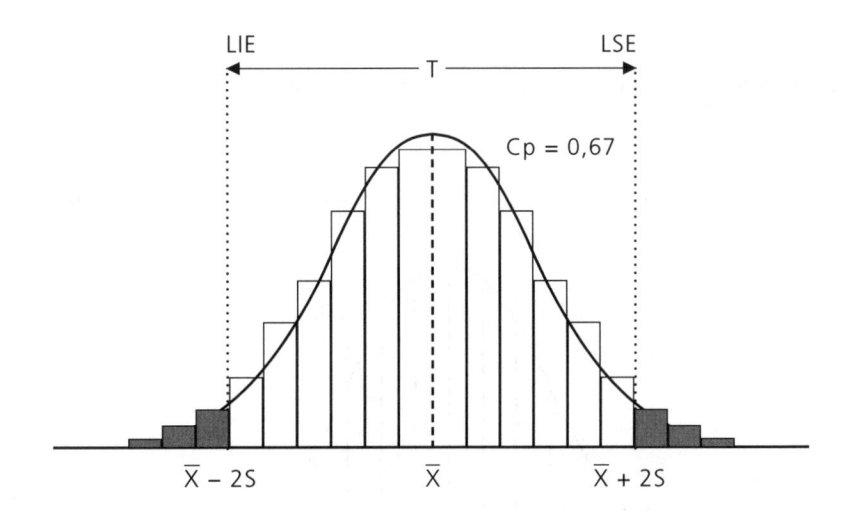

O resultado da capacidade do processo é importante, porque indica que ações devem ser tomadas para garantir uma pequena variação no processo. O Quadro 7.3, a seguir, apresenta cada uma das variações do índice de capacidade que estabelece o nível do processo e define qual nível de controle é necessário no processo e se é ou não necessária a inspeção do produto.

quadro 7.3

análise comparativa do índice de capacidade Cp

nível do processo	controle do processo	inspeção do produto
Nível 1 $Cp > 1,33$	O índice é suficiente, não sendo necessário controle. É preciso atuar no processo para reduzir custos.	Desnecessária
Nível 2 $1 < Cp < 1,33$	O índice é suficiente, mas é necessário cuidado quando Cp se aproxima de 1. O controle é necessário.	Inspeção por amostragem e inspeção 100%
Nível 3 $Cp < 1$	O índice é insuficiente, está ocorrendo produção fora das especificações. É necessário instaurar ações para melhorar a capacidade estatística do processo.	Inspeção 100%

Fica claro que o processo estará **sob controle** se o índice de capacidade Cp for maior ou igual a 1.

O processo nem sempre é representado pelos histogramas que indicam exatamente a distribuição normal e, portanto, pode variar, mostrando, assim, uma variação no controle do processo (Gráfico 7.6). Nesse caso, a média se desvia do centro e deve ser corrigida para a obtenção do valor do índice Cpk (índice de capacidade ajustado). Tal situação tem a finalidade de avaliar o processo.

gráfico 7.6

distribuição normal com variação para cálculo de Cpk

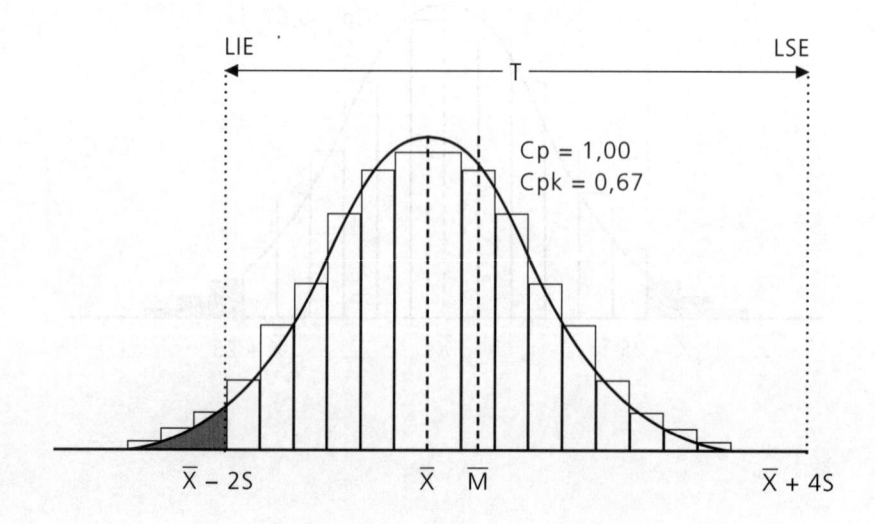

Considerando o gráfico da distribuição normal, devemos realizar a correção da média e o cálculo do estabelecimento dos limites das especificações. Essas informações podem ser obtidas com a aplicação das seguintes equações:

$$Cpk = (1 - k) \cdot Cp, \text{ em que:}$$

$$k = \frac{|M - \bar{x}|}{T/2}$$

$$M = \frac{LSE - LIE}{2}$$

$$T = LSE - LIE$$

Observemos ainda que, se a média do processo for igual ao valor nominal da especificação do projeto (*M*), o índice *Cpk* será igual a *Cp*, uma vez que o valor de *k* será igual a zero. Para a análise do gráfico de controle gerado pelo estudo da capacidade do processo e pela análise do processo, recomendamos ver a ferramenta *gráficos de controle*.

Síntese

Verificamos neste capítulo ferramentas poderosas que nos auxiliam na tomada de decisões. A matriz GUT permite a ordenação de assunto dentro de um critério de gravidade, urgência e tendência possibilitando a tomada de decisão. Já na avaliação de processos, após construirmos a distribuição podemos analisar a adequação do processo às necessidades dos clientes organizacionais ou finais que se dá através do índice de capacidade (Cp). A avaliação permite a análise para o ajuste do processo dentro dos parâmetros estabelecidos.

questões para revisão

1. A matriz GUT utiliza critérios definidos para ordenar as prioridades em uma tomada de decisão. Exemplifique a matriz GUT para um problema em um processo produtivo.
2. Qual é o nível de serviço em percentuais para a relação 3 sigmas, para um processo de serviços? Exemplifique.

3. O índice de capacidade do processo indica o grau de aceitação do serviço. Explique $Cp = 1,33$.
4. Justifique a inspeção 100% em índices de capacidade inferiores a 1,00.

questões para reflexão

1. Existem outros tipos de distribuição. Pesquise a distribuição beta.
2. Existem outras variações nas distribuições. Identifique-as e aponte as causas.

8 outras ferramentas para a qualidade

Conteúdos do capítulo

- » A apresentação de ferramentas diferenciais da qualidade;
- » A *design of experiments* e o *six sigma*;
- » A utilização de ferramentas simples representadas pelo gráfico de linha e a realização de pesquisas;
- » A força traduzida pela representação gráfica, símbolos e diagramas.

Após o estudo deste capítulo, você será capaz de:

- » Compreender a utilização do *design of experiments*;
- » Compreender a utilização do *six sigma* e suas variantes;
- » Utilizar os gráficos de linha;
- » Reconhecer ferramentas de pesquisa;
- » Compreender a força da simbologia e da representação gráfica.

Existem diversas outras ferramentas que são utilizadas na gestão e no controle da qualidade para a melhoria do processo, entre as quais podemos destacar o *design of experiments* e os questionários que representam pesquisas. Essas ferramentas permitem ações diferenciadas em direção à qualidade nas organizações.

8.1 design of experiments

O *design of experiments* (DOE) ou projeto de experimentos é uma ferramenta poderosa para a qualidade e consiste em

> *uma técnica analítica que auxilia a identificar que variáveis têm uma influência maior no resultado geral. A técnica é aplicada, frequentemente, mais às questões do produto do projeto (por exemplo, os projetistas do setor automotivo podem desejar determinar quais combinações de suspensão e pneus produzirão as [melhores] [...] características de transporte a um custo razoável)* (Project Management Institute, 2004).

Para identificar essas características, realizam-se experimentos com os mais diversos tipos de suspensão e combinação de pneus para a obtenção dos melhores valores. Em uma experiência, altera-se deliberadamente uma ou mais variáveis do processo (ou fatores) para observar o efeito das mudanças e obter uma ou mais variáveis de resposta. O projeto (estatístico) dos experimentos é um procedimento eficiente para planejar experiências, pois os dados obtidos podem ser analisados e promovem a obtenção de conclusões válidas e objetivas.

> *Contudo, essa técnica pode, também, aplicar-se às questões da gerência de projeto, tais como as compensações de custo e cronograma. Por exemplo, embora engenheiros seniores custem mais do que engenheiros juniores, espera-se, também, que completem o trabalho designado em menor tempo. Um "experimento" apropriadamente projetado [...] permitirá, frequentemente, determinar uma solução ótima para um número relativamente limitado de casos* (Project Management Institute, 2004).

O *design of experiments* também possibilita que se estabeleçam *trade offs* ou compensações entre as diversas variáveis estudadas.

> **Para saber mais**
>
> Para auxiliá-lo na compreensão do *design of experiments*, recomendamos a leitura do livro:
>
> CHENG, L. C.; MELO FILHO, L. D. R. de. **QFD**: desdobramento da função qualidade na gestão de desenvolvimento de produtos. São Paulo: Edgard Blücher, 2007.

8.2 six sigma*

O *six Sigma* foi criado pela Motorola, em 1986, como um método estruturado para efetivar a melhoria de qualidade. Desde então, evoluiu para uma metodologia robusta, que objetiva a melhoria empresarial e dirige a organização para as necessidades do cliente, criando um alinhamento dos processos pela utilização do rigor estatístico e teórico. Conforme a Universidade da Motorola, o *six sigma* evoluiu durante as últimas duas décadas e, no decorrer desse tempo, foi entendido de três formas diferentes: como **métrica**, como **metodologia** e como **sistema de administração**. Essencialmente, o *Six sigma* engloba, ao mesmo tempo, todas as três formas.

8.2.1 six sigma como métrica

O termo *sigma* é frequentemente utilizado como uma escala para níveis mais altos de melhoria ou qualidade. Usando essa escala, *six sigma* significa o limite máximo de 3,4 defeitos por um milhão de oportunidades (DPMO).

Então, essa ferramenta começou como um esforço de redução de defeitos de fabricação e foi aplicada a outros processos de negócio para o mesmo propósito.

---

* Esta seção é baseada em Motorola, 2008. Tradução livre dos autores.

8.2.2
six sigma como metodologia

Com a evolução do *six sigma*, deu-se menor ênfase à definição literal de 3,4 DPMO, ou à realização de contagem de defeitos em produtos e processos. Assim, o *Six sigma* é considerado uma metodologia de melhoria empresarial que foca:

» no entendimento e no gerenciamento das necessidades do cliente;
» no alinhamento dos negócios-chave da organização para o atendimento a essas necessidades;
» na rigorosa análise de dados para minimizar a variação nesses processos;
» no direcionamento rápido e de forma sustentável para a melhoria dos processos de negócio.

A base da metodologia é o DMAIC, que é um acrônimo de:

» *Define* (defina a oportunidade);
» *Measure* (meça o desempenho);
» *Analyse* (analise a oportunidade);
» *Improve* (melhore o desempenho);
» *Control* (controle o desempenho).

8.2.3
six sigma como sistema de administração

Com a experiência, a Motorola observou que a disciplina no uso das métricas e na aplicação da metodologia ainda não era o bastante para obter as melhorias, a inovação e os resultados desejados (sustentáveis ao longo do tempo). Para um impacto maior, a Motorola assegura que a métrica do processo e a metodologia estruturada devem ser aplicadas em oportunidades de melhoria que estão ligadas diretamente à estratégia organizacional, ou seja, quando praticado como um sistema de administração, o *six sigma* torna-se um sistema de alto desempenho na execução da estratégia empresarial. Portanto, nesse contexto, é uma solução estruturada de "cima para baixo" que ajuda a organização a:

» alinhar a estratégia de negócios para a obtenção de melhoria;
» mobilizar times para executar projetos de alto impacto;
» acelerar os melhores resultados empresariais;
» gerenciar e ordenar os esforços para assegurar que as melhorias sejam contínuas.

O *six sigma* como um sistema de administração deve tornar clara a estratégia empresarial e as medidas que mais refletem o sucesso da organização para aquela estratégia. Fornece, assim, a estrutura necessária para priorizar recursos nos projetos que melhorarão o desempenho. Para isso, os líderes devem administrar os esforços para o fluxo sustentável na melhoria dos resultados empresariais.

A consideração que tornou o *six sigma* uma metodologia de sucesso diz respeito à justificativa financeira dos projetos e das abordagens escolhidas. Estas consideram o balanceamento dos recursos disponíveis entre os vários projetos; os candidatos e os concorrentes; o balanceamento entre projetos em diferentes fases do ciclo DMAIC; o balanceamento entre o risco e a recompensa e o balanceamento entre longo e curto prazo.

Conforme observam Carvalho e Paladini (2005), as necessidades da aplicação do *six sigma* podem ser deflagradas por uma das seguintes situações: uma demanda de mercado; uma necessidade do negócio; um pedido (uma exigência) de cliente; um avanço tecnológico; uma exigência legal.

Ainda de acordo com os autores citados, nos projetos *six sigma* os recursos devem ser alocados para se procurar o que é **crítico para a qualidade** (*Critical to Quality* – CTQ), dividindo-se os processos em CTQ internos e externos.

A melhoria da qualidade afeta o custo e o lucro das organizações. Nesse sentido, Rotondaro (2006) considera que o Six *Sigma* reduz os custos com a melhoria da qualidade (tais como os custos de refugo), diminui o retrabalho, traz garantia ao cliente, melhora o moral do trabalhador e aumenta a eficiência e a produtividade. Por outro lado, o aumento dos rendimentos se dá com a atração de novos clientes e a manutenção dos clientes antigos e atuais.

Desse modo, notamos que os projetos *six sigma* têm orientação para o mercado e, consequentemente, direcionam-se para a busca pelo controle total da qualidade.

8.3 gráfico de linha

O gráfico de linha é uma ferramenta muito útil para estabelecer a tendência de uma série de dados. É utilizado para estabelecer comparações entre séries de dados e pode ser empregado no auxílio à tomada de decisão. Sua análise permite identificar, no âmbito de uma série de condições, aquela que deve ser abordada em primeiro lugar, possibilitando uma ordenação adequada de recursos materiais e de pessoal. Vejamos um exemplo.

Na tabela a seguir, encontra-se o número de atendimentos de uma rede de lojas. Distribuídos por loja, procura-se identificar a necessidade de melhoramentos na área, uma vez que as lojas têm a mesma configuração. Para avaliar se há a possibilidade de melhoramentos, os dados foram obtidos por meio das ferramentas da qualidade e da execução dos seguintes passos:

Passo 1. Utilizar folha de observações para cada loja.
Passo 2. Resumir os dados e colocá-los numa tabela.
Passo 3. Marcar os valores de cada loja no gráfico.
Passo 4. Com os dados da tabela, construir um gráfico (8.1).

tabela 8.1

atendimento por loja

	1º. trim	2º. trim	3º. trim	4º. trim	5º. trim
loja A	20	30	40	50	51
loja B	30	38	37	32	30
loja C	35	45	50	52	53
loja D	10	20	45	51	52

gráfico 8.1

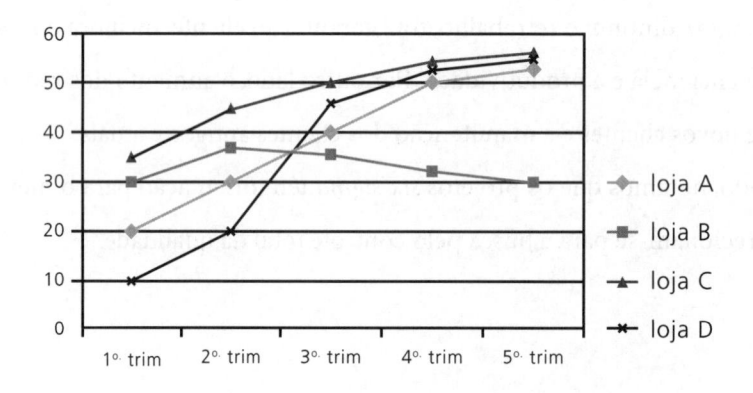

número de atendimentos

Ao realizarmos a análise do primeiro trimestre, não identificamos qualquer problema individualmente. Entretanto, ao observarmos a evolução dos atendimentos relativos às lojas A, C e D, percebemos que as três caminham para uma uniformidade em atendimento, enquanto na loja B ficou visível a ocorrência de um problema entre o 2º e o 3º trimestres, o qual se agravou nos períodos posteriores. Nesse caso, o gestor deverá realizar uma análise profunda nessa loja, para identificar as causas da ocorrência negativa.

8.4
pesquisa

É uma ferramenta muito simples que pode ser utilizada em diversos setores da qualidade, desde a investigação sobre a satisfação do cliente até a obtenção de dados para a qualidade em um processo produtivo. A realização da pesquisa deve seguir determinadas regras para ser efetiva, sendo que os dados precisam ser coletados de um grupo específico, que compartilha determinado item avaliado.

Os tipos mais comuns de ferramentas para a realização de pesquisas são os questionários e as entrevistas. Estas podem ser classificadas como pessoais (em que o pesquisador tem contato direto com o entrevistado) e impessoais (realizadas através de diversos meios, como a internet, por exemplo, ocorrendo de forma indireta).

A pesquisa é composta por uma série de perguntas, dissertativas (subjetivas) ou objetivas, que dependem do grau de avaliação a ser realizado. As perguntas objetivas são mais complexas em sua formulação e mais simples em sua apuração, devendo ser utilizadas quando sabemos exatamente o que queremos investigar. As perguntas subjetivas ou abertas são aquelas que solicitam do entrevistado ou pesquisado uma análise de valor relativa ao assunto; requerem, portanto, uma formulação mais simples, porém são mais difíceis de serem analisadas.

8.5
símbolos, gráficos e diagramas

Muitas das ferramentas da qualidade, em vez de representarem os resultados somente por meio de dados e números, também os traduzem graficamente (como o exemplo da Figura 8.1).

O diagrama de Pareto também se destaca por ser uma ferramenta gráfica que tem um apelo visual muito poderoso quando se trata de estimular os funcionários a proverem soluções para os principais problemas identificados pela ferramenta, possibilitando a comparação com situações anteriores.

figura 8.1

"carinhas" da qualidade

| bem atendido | atendido | mal atendido |
| (verde) | (amarela) | (vermelha) |

Como é possível perceber, essa ferramenta é simples, tem muitas utilidades e traz resultados para o processo e para o estado de satisfação do usuário. Algumas lojas utilizam essa ferramenta para avaliar alguns critérios. Por exemplo, o cliente precisa comprar uma camisa e não a encontra. Ao preencher o formulário de satisfação por meio da escolha de uma "carinha", provavelmente ele assinalará a vermelha (mal atendido). Em outra situação, ao encontrar o produto procurado e ainda ser surpreendido com novos e bons produtos, provavelmente o cliente assinalará a "carinha" verde.

Essa ferramenta pode ser combinada com outras, tais como questionários de pesquisa de opinião, *checklist* para verificação de conformidades e indicação de graus de dificuldade (fácil, mediano e difícil). Tal condição pode permitir que a abordagem a ser utilizada deva ser devidamente ajustada para uma melhor definição de serviços e processos com qualidade.

Existem diversas ferramentas destinadas à melhoria e ao desenvolvimento da qualidade nas organizações. Desse modo, o gestor, ao escolhê-las e defini-las, deve ter em mente o efeito sinérgico de sua utilização conjunta, como mostramos nas seções anteriores.

Estudo de caso

Identificando as causas e as mellhores práticas em lojas de atendimento

Em uma empresa de atendimento de clientes para fornecimento de determinado serviço, o tempo médio de atendimento é muito elevado em três de suas lojas. Seus diretores consideram que o tempo médio acima de 7 (sete) minutos é muito elevado e que, por isso, estão perdendo clientes para a concorrência. Pedem então que se tomem providências para a identificação e a resolução dos problemas.

Como trabalhamos com a filosofia da qualidade total e suas ferramentas, sabemos que deveremos buscar a solução somente se dispusermos de fatos e dados sobre a situação.

Ferramenta 1

O primeiro passo é identificarmos os locais mais problemáticos. Para isso, utilizamos a primeira ferramenta da qualidade, que é a **estratificação**, usada para analisar cada loja individualmente:

Atendimento da Loja A
Atendimento da Loja B
Atendimento da Loja C

Ferramenta 2

As lojas foram analisadas durante dez dias, e as observações constam na **folha de verificação** montada para identificar os valores médios de cada loja, conforme tabela a seguir.

tabela 8.2

folha de verificação para tomada de tempos

local e horário	valores médios dos atendimentos em minutos									
	1º dia	2º dia	3º dia	4º dia	5º dia	6º dia	7º dia	8º dia	9º dia	10º dia
08h – 10h	7,8	7,8	7,2	7,5	5,9	6,5	7,2	7,8	7,2	5,9
10h – 12h	8,5	7,2	7,8	8,5	6,5	6,5	5,9	7,2	6,5	7,2
14h – 16h	9,1	8,5	8,5	8,5	7,2	7,2	7,2	8,5	7,8	7,8
16h – 18h	9,1	9,1	9,1	8,5	7,8	7,8	8,5	8,5	8,5	8,5
média loja A	8,6	8,1	8,1	8,2	6,8	7,0	7,2	8,0	7,5	7,3

local e horário	valores médios dos atendimentos em minutos									
	1º dia	2º dia	3º dia	4º dia	5º dia	6º dia	7º dia	8º dia	9º dia	10º dia
08h – 10h	10,1	20,7	17,5	18,3	16,4	19,8	23,0	21,9	21,0	18,9
10h – 12h	16,9	19,0	19,1	20,7	18,2	19,8	18,8	20,7	20,9	23,1
14h – 16h	18,2	19,0	20,7	20,7	22,5	21,8	23,0	23,2	22,9	25,2
16h – 18h	18,2	19,1	22,3	23,7	27,3	23,8	23,1	23,2	24,8	27,3
média loja B	15,9	19,5	19,9	20,8	21,1	21,3	22,0	22,3	22,4	23,6

(continua)

(Tabela 8.2 – conclusão)

local e horário	valores médios dos atendimentos em minutos									
	1º dia	2º dia	3º dia	4º dia	5º dia	6º dia	7º dia	8º dia	9º dia	10º dia
08h – 10h	15,8	14,1	11,6	10,7	7,3	6,8	6,1	5,2	3,4	1,7
10h – 12h	16,9	12,9	12,6	12,1	8,1	6,8	5,0	4,8	3,1	2,1
14h – 16h	18,2	15,3	13,7	12,1	8,9	7,5	6,1	5,7	3,7	2,3
16h – 18h	18,2	16,5	14,7	12,1	9,7	8,2	7,3	5,7	4,1	2,5
média loja C	17,2	14,7	13,2	11,7	8,5	7,3	6,1	5,3	3,6	2,1

média todas as lojas	13,9	14,1	13,7	13,6	12,1	11,9	11,8	11,9	11,2	11,0

Ao analisar a folha de verificação, percebemos que os valores finais médios indicam que o problema está sendo minimizado, ainda que não tenham atuado nele.

Realizamos então a estratificação, que permitirá ver o comportamento de cada uma das lojas se construirmos um gráfico sequencial para cada um e realizarmos a análise comparativa. Os valores para a construção do gráfico são apresentados na tabela a seguir.

tabela 8.3

valores médios

local e horário	valores médios dos atendimentos em minutos									
	1º dia	2º dia	3º dia	4º dia	5º dia	6º dia	7º dia	8º dia	9º dia	10º dia
média loja A	8,6	8,1	8,1	8,2	6,8	7,0	7,2	8,0	7,5	7,3
média loja B	15,9	19,5	19,9	20,8	21,1	21,3	22,0	22,3	22,4	23,6
média loja C	17,2	14,7	13,2	11,7	8,5	7,3	6,1	5,3	3,6	2,1
média todas as lojas	13,9	14,1	13,7	13,6	12,1	11,9	11,8	11,9	11,2	11,0

Ferramenta 3

Vamos construir as linhas em um só **gráfico de linha sequencial** para realizarmos a análise comparativa entre eles.

gráfico 8.2

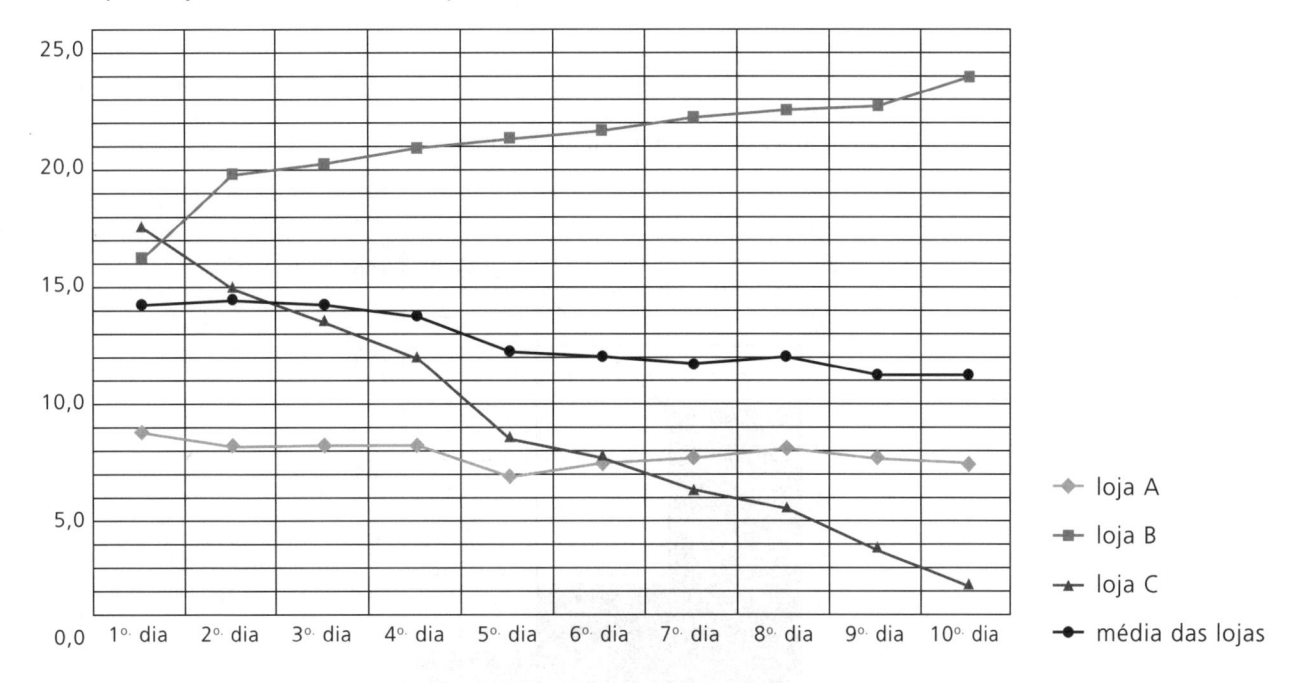

comparação entre as lojas

Gráfico de linhas mostrando a evolução do tempo médio de atendimento ao longo de 10 dias para loja A, loja B, loja C e média das lojas.

Verificamos que as três lojas apresentam perfis diferentes: a Loja B tem seu problema de atendimento agravado, enquanto a Loja C vem reduzindo sistematicamente tal problema e a Loja A permanece estável, com pequena redução. Quando analisamos a média, concluímos que tivemos apenas uma enganosa impressão de melhora, pois ela realmente não está acontecendo.

Ferramenta 4

Percebemos, pela análise, que devemos concentrar nossos esforços de análise na Loja B. Para confirmarmos essa situação, vamos elaborar um **diagrama de Pareto** para o décimo dia, utilizando os critérios já vistos.

Construir as colunas: de Σ tempo médio de atendimento, % tempo médio de atendimento e Σ tempo médio de atendimento em %.

quadro 8.1

tempo médio de atendimento

loja	tempo	Σ tempo	%tempo	Σ tempo%
B	23,6	23,6	72%	72%
A	7,3	30,9	22%	94%
C	2,1	33,0	6%	100%

Observamos que o maior problema encontrado foi o tempo de atendimento da Loja B. Assim, podemos notar o padrão representado no gráfico a seguir.

gráfico 8.3

diagrama de Pareto para o tempo médio de atendimento

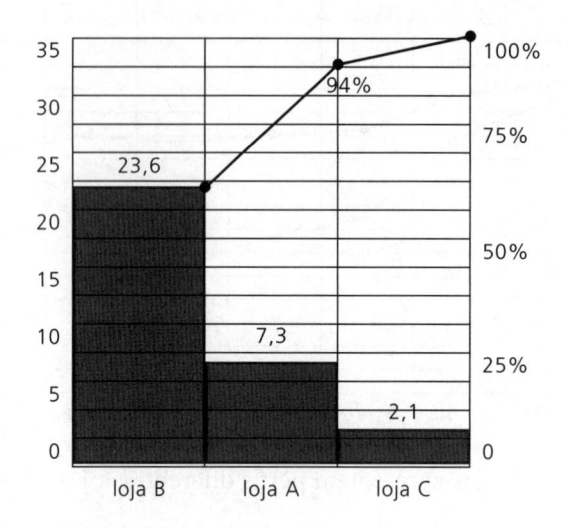

Devemos, então, analisar o que ocorre na Loja B para identificarmos o problema. A tabela, a seguir, apresenta de forma mais detalhada (estratificada) os horários de atendimento da Loja B.

tabela 8.4

loja B

local e horário	valores médios dos atendimentos em minutos									
	1º dia	2º dia	3º dia	4º dia	5º dia	6º dia	7º dia	8º dia	9º dia	10º dia
08h – 10h	10,1	20,7	17,5	18,3	16,4	19,8	23,0	21,9	21,0	18,9
10h – 12h	16,9	19,0	19,1	20,7	18,2	19,8	18,8	20,7	20,9	23,1
14h – 16h	18,2	19,0	20,7	20,7	22,5	21,8	23,0	23,2	22,9	25,2
16h – 18h	18,2	19,1	22,3	23,7	27,3	23,8	23,1	23,2	24,8	27,3
média loja B	15,9	19,5	19,9	20,8	21,1	21,3	22,0	22,3	22,4	23,6

Podemos, novamente, estabelecer um gráfico de Pareto e identificar que o atendimento realizado antes das 12h é mais ágil do que o realizado após esse período, tornando conhecida, portanto, a hora do dia em que o atendimento demora mais.

Ferramenta 5

Uma ferramenta adequada para a identificação das causas pode ser o **diagrama de Ishikawa**. Porém, para utilizá-lo, devemos formular as hipóteses, que podem ser levantadas por meio do uso da ferramenta *brainwriting*.

Ferramenta 6

Com essa ferramenta, podemos estabelecer, por exemplo, que a falta de tinta na impressora causa o atraso no atendimento, ou que a forma de medir o tempo está errada, causando distorções, ou até mesmo que o excesso de trabalho causa fadiga no atendente, comprometendo o atendimento.

Não podemos esquecer que na qualidade:

» problemas devem ser quantificados;
» não é preciso ter todos os elementos dos 6 Ms (podem ser apenas quatro elementos, por exemplo);
» não é necessária a utilização de todos os 6 Ms;
» para a obtenção dos elementos não se realizam votações, nesse caso sempre teste de hipóteses (científico);
» é possível utilizar ramificações mais profundas até a identificação do problema. Por exemplo, o subitem **falta de tinta** pode ser consequência da **falta de pedido** (Falta de tinta → Não foi feito o pedido). Após algumas rodadas (de ideias testadas), pode-se construir o **diagrama de Ishikawa**.

figura 8.2

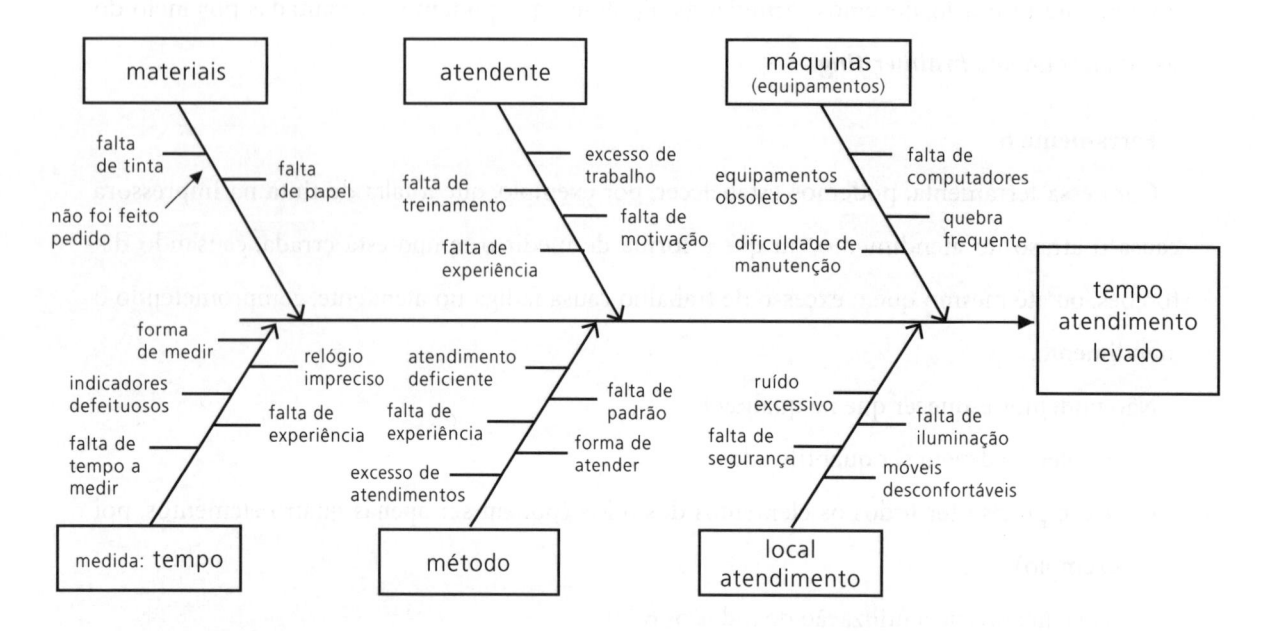

diagrama de Ishikawa: tempo de atendimento elevado

```
        materiais              atendente           máquinas
                                                  (equipamentos)
   falta                                                    falta de
   de tinta         falta      falta de  excesso de   equipamentos   computadores
                    de papel   treinamento  trabalho  obsoletos
  não foi feito                         falta de                     quebra
  pedido                       falta de  motivação   dificuldade de   frequente
                               experiência           manutenção
                                                                              tempo
        forma                                                              atendimento
        de medir    relógio   atendimento                                    levado
   indicadores      impreciso deficiente        falta de     ruído
   defeituosos      falta de  falta de          padrão       excessivo  falta de
   falta de         experiência experiência                  falta de   iluminação
   tempo a                     excesso de       forma de     segurança  móveis
   medir                       atendimentos     atender                 desconfortáveis

   medida: tempo              método                      local
                                                         atendimento
```

Após a construção do diagrama, devemos refletir sobre o contexto apresentado. Por exemplo, será que a hipótese **excesso de trabalho dos atendentes** é verdadeira?

Ao iniciarmos o processo de análise, já consideramos realizar uma análise mais profunda no décimo dia. Obtemos, assim, uma amostra de tamanho 60, com o número de problemas resolvidos por atendimento por funcionário, obtendo a tabela a seguir.

tabela 8.5

relação de amostras *versus* problemas atendidos

amostra	problemas	amostra	problemas	amostra	problemas
1	2	21	6	41	4
2	3	22	6	42	5
3	4	23	5	43	6
4	5	24	6	44	7
5	6	25	9	45	6
6	7	26	8	46	5
7	6	27	5	47	7
8	4	28	3	48	4
9	5	29	1	49	5
10	7	30	2	50	6
11	6	31	3	51	3
12	4	32	4	52	7
13	5	33	6	53	6
14	6	34	7	54	5
15	7	35	6	55	6
16	7	36	7	56	4
17	5	37	8	57	6
18	8	38	5	58	7
19	5	39	6	59	5
20	6	40	7	60	6

Criamos, então, a tabela de limites referentes aos dados agrupados. Nesse caso, a definição dos dados pode ser realizada com a geração da tabela seguinte, a qual servirá de base para o histograma. Desse modo, definimos as classes em função dos problemas resolvidos por atendente.

tabela 8.6

frequência de problemas apresentados

classe	média	frequência
0 – 1	0,5	1
2 – 3	2,5	6
4 – 5	4,5	20
6 – 7	6,5	29
8 – 9	8,5	4
10	5	0
	total	60

Ferramenta 7

Os valores transcritos dão origem ao **histograma**, que permite estabelecer quantos problemas a Loja B apresenta.

gráfico 8.4

histograma da loja B

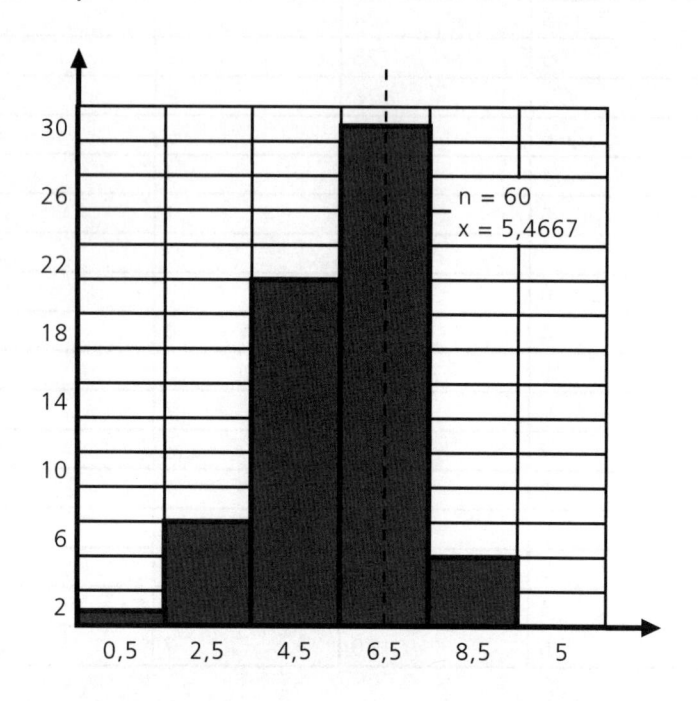

n = 60
x = 5,4667

O histograma revela que uma das causas do aumento de tempo de atendimento aos clientes é a quantidade de problemas resolvidos pelos atendentes individualmente, o que pode estar levando ao excesso de trabalho destes.

Ao identificarmos corretamente o problema demos um grande passo na direção de encontrarmos uma solução que elimine as causas permitindo um trabalho adequado pelos atendentes. A aplicação do Masp, conforme vimos no capítulo 2, permitirá adotarmos uma linha de ação em direção a solução.

Devemos seguir os passos apresentados a seguir:

Figura 8.2

Método de análise e solução de problemas

método de análise e solução de problemas	P	①	identificação do problema
		②	observação
		③	análise para descobrir causas
		④	plano de ação
	D	⑤	ação para eliminar as causas
	C	⑥	verificação da eficácia da ação
		⟨?⟩	bloqueio foi efetivo
	A	⑦	padronização
		⑧	conclusão

1º **Passo**

O problema foi identificado nas fases iniciais de nosso estudo é representado pelo atendimento em excesso do funcionário que realiza a atividade em tempo superior ao estabelecido em função do desgaste no trabalho;

2º **Passo**

Representado pela observação, devemos realizar a análise da situação e garantir o reconhecimento das características do problema. Aqui poderemos listar todas as situações observadas, em nosso caso poderíamos ter (o desgaste pode ser causado por? É a pergunta que devemos realizar):

1. Condições inadequadas do posto de atendimento, tais como, tipo do móvel (cadeira, computador, etc..);
2. Outra característica observada é o tempo de acesso aos dados necessários ao atendimento em equipamentos de informática e canais de comunicação;
3. Característica observada representada pelo tempo de intervalo de atendimento;
4. A capacidade do atendente em ser responsivo ao cliente;
5. Condições inadequadas do ambiente de trabalho, tais como temperatura e ruídos na área de atendimento;
6. A quantidade de atendimentos realizados sem obtenção da solução.

3º Passo

Neste passo devemos buscar descobrir as principais causas representadas pelos itens observados no passo 2. Aqui poderemos utilizar gráficos, diagramas, análises estatísticas e outras ferramentas para identificar o impacto de cada um dos itens acima no problema. Em nosso caso identificamos que o tempo de atendimento esta devidamente dimensionado, restando a constatação de que o desgaste do atendente é que gera a queda de produtividade além do previsto.

4º Passo

A proposta de um plano de ação implica em estabelecer procedimentos que devem ser executados. A utilização de contramedidas ao problema. Nosso plano é representado pelos seguintes itens:

1. Realizar avaliação periódica, física e psicológica dos atendentes;
2. Realizar o treinamento periódico, para o trato com pessoas da área de atendimento;
3. Consolidar as pausas mantendo sua regularidade;
4. Realizar a admissão de atendentes para atuação nos horários de pico.

5º Passo

É a efetiva realização do plano proposto no passo 4. Neste caso poderemos utilizar para cada um dos itens acima a ferramenta 5W 2H em sua implementação;

6º Passo

Representado pela verificação, deve ser realizado no local e constatando-se através da utilização de uma folha de verificação que os tempos de atendimento estão sendo atingidos representará o sucesso na solução do problema identificado. **Assim o bloqueio no surgimento do problema foi efetivo**, passamos portanto para o passo 7.

7º Passo

A padronização é representada pela elaboração de documentos que devem ser utilizados por todas as lojas e que representam o cumprimento do plano de ação proposto, implementado e validado, ocasionando a eliminação total das causas desse problema.

8º Passo

Finalmente, a conclusão implicará em rever e registrar toda a documentação e todas as ações propostas, validadas e não validadas para consultas e planejamentos futuros.

Verifique que você poderá utilizar as mesmas ferramentas utilizadas na determinação do problema em qualquer fase do Masp. A integração delas juntamente ao processo permitirá que alem da identificação do problema, possamos encontrar soluções e validá-las para a eliminação da causa.

Síntese

Vimos que o *design of experiments* permite ao gestor sua utilização para trazer à organização as necessidades e expectativas dos clientes geando um diferencial. Da mesma forma a aplicação do *six sigma* como uma referência para os processos, ou como metodologia ou até mesmo como sistema administrativo esta trazendo ganhos em sua aplicação.

Ferramentas simples muitas vezes têm um efeito melhor, os gráficos de linha demonstram esta característica, a pesquisa conversa diretamente com o cliente e a representação gráfica muitas vezes transmite o que a linguagem convencional oral ou escrita não é capaz de fazer, demonstrando assim a sua força.

questões para revisão

1. Qual a diferença entre defeito e variação na gestão da qualidade?
2. O que significa produto conforme e produto não conforme?
3. Dentro dos métodos para a realização de diagnósticos, explique a intuição e a análise estatística com base em dados.
4. Quais são as ferramentas estudadas para a obtenção e a coleta de dados?
5. O que significa a realização da estratificação? Exemplifique com um caso.
6. Quais são as formas mais comuns de realização de pesquisa citadas no texto deste capítulo?
7. Quais são os tipos de folhas de verificação apresentadas neste capítulo? Qual é a sua utilização? Exemplifique.

8. Explique *design of experiments*. Exemplifique.
9. O que são os diagramas de Pareto por causas e por efeitos? Exemplifique cada um deles.
10. Qual é nosso objetivo quando utilizamos os gráficos de dispersão?
11. O que são as ferramentas para tomada de decisão? Explique matriz de decisões.
12. Qual é a finalidade das ferramentas diagrama de afinidade, *brainstorming, brainwriting* e *benchmarking*? Justifique sua resposta.
13. Exemplifique o ciclo PDCA, os 5 Ws e 2 Hs e os 5 Ss.

questões para reflexão

1. Pesquise quais processos organizacionais podem ser avaliados e melhorados pelo *six sigma*.
2. Pesquise quais símbolos (além daqueles apresentados no texto) podem ser utilizados para facilitar e melhorar a qualidade nas organizações.

parte 3
normalização da qualidade

O que é normalização? Por que ela é importante? As organizações devem realizar a normalização?

Norma é aquilo que se estabelece como base ou medida para a realização ou a avaliação de algo, ou seja, consiste em regras de procedimentos estabelecidas por órgãos reconhecidos e credenciados pelo mercado. A normalização da qualidade, exigida pelos mercados, obriga indiretamente as organizações a se certificarem por meio de órgãos credenciados que garantem um padrão aceitável de produtos e serviços. Esse padrão é reconhecido e permite que muitas organizações possam atuar em mercados nacionais e internacionais com um número reduzido de restrições. Não garante a participação, entretanto facilita a aceitação de produtos e serviços. A importância evidente da normalização é o acesso aos mercados promovido pela certificação, o que implica a necessidade de aceitação de regras externas por parte da organização.

parte 3
normalização da qualidade

9 padronização e normalização

Conteúdos do capítulo

» A utilização pela qualidade da padronização e da normalização;

» A apresentação das características da padronização;

» A apresentação dos elementos constituintes da normalização;

» O histórico e conceitos básicos da ISO.

Após o estudo deste capítulo, você será capaz de:

» Interpretar o conceito de padronização;

» Conhecer os principais requisitos da padronização;

» Reconhecer o conceito de normalização;

» Identificar a necessidade e integrantes das normas ISO;

» Conhecer a abrangência de atuação das normas ISO.

Eli Witney, no final do século XVIII, introduziu o conceito de padronização de componentes nas indústrias, após se deparar com as exigências impostas pela Revolução Industrial, ocorrida na mesma época, dada a descoberta da máquina a vapor. Juntamente com o conceito de padronização de componentes, surgiu o conceito de padronização de processos e o de padronização de ferramentas.

A mudança no ambiente de trabalho, com ênfase no ambiente industrial, direcionou as organizações a produzirem de forma padronizada. Assim, o modo de produção artesanal enfraqueceu, abrindo espaço para a produção seriada.

Mais tarde, em 1907, com Ford, teve início a produção em massa. A partir de então, evidenciou-se a necessidade de as organizações estabelecerem padrões para seus processos e produtos. Desse modo, historicamente, nota-se que o padrão fez com que a organização gerenciasse seus recursos de forma mais eficiente, visto que, ao executar o processo de produção dentro do padrão, as variações são controladas e, quanto menores elas forem, também menores serão os consumos de recursos para a obtenção de um produto esperado.

Muitos não fazem distinção entre padronização e normalização. Entretanto, a padronização pode ser entendida como a unificação dos processos de fabricação ou de prestação de um serviço, ou seja, existe somente uma forma escolhida para sua realização. Já a normalização é a aplicação do padrão reconhecidamente aceito, nesse caso, pelo mercado e pelas organizações.

Podemos considerar, então, que a norma, independentemente de outro processo, obriga a organização a seguir o padrão determinado. No entanto, para que tenhamos a evolução da qualidade, o padrão não deve ser imutável, mas sim permitir ajustes para incorporar novas ferramentas, novas técnicas e novos processos. Compreendemos, assim, que a norma estabelece os padrões mínimos de aceitação e ordenação.

9.1
padronização: principais características

O padrão permite às organizações que imponham responsabilidades aos seus funcionários em função de exigências claras e definidas.

A organização deve atender a alguns requisitos básicos ao estabelecer o padrão, sob pena de tornar ineficaz a utilização deste. Entre esses requisitos, Ambrozewicz (2003) destaca:

1. **ser mensurável**: o padrão deve permitir que se avalie a qualquer instante, obtendo-se resultados que possibilitem comparar claramente o estado atual com o estado anterior;
2. **ser de fácil compreensão**: como deve atingir muitas pessoas na organização, o padrão deve ser perfeitamente compreensível a quem faz uso dele;
3. **ser de fácil utilização**: o padrão deve ser simples e de fácil aplicação;
4. **ser democrático**: quando possível, o padrão deve ser estabelecido em conjunto com quem executa a atividade padronizada, permitindo uma especialização em sua execução;
5. **ser baseado na prática**: o padrão que apresenta essa característica tem como base o ensaio, a realização na prática e tem sua eficácia comprovada;
6. **ser passível de revisão**: o padrão deve permitir que as organizações possam realizar ações de melhoria sem comprometer as atividades em execução;
7. **possuir autoridade**: o padrão deve ser revestido de autoridade por ser a melhor forma de se atingirem os objetivos;
8. **possuir informação de vanguarda**: o padrão deve ser o "estado da arte" do processo, aquilo que de mais avançado existe;
9. **ser voltado para o futuro**: o padrão deve permitir a evolução para processos que levem a um resultado que não possa ser atingido atualmente;
10. **fazer parte de um sistema de padronização**: o padrão deve atender às normas específicas para cada caso.

Podemos exemplificar a padronização pelo projeto e desenvolvimento de uma nova ferramenta ou dispositivo destinado a atender ao processo produtivo. Este, por sua vez, necessita que se escolham, dentre uma grande quantidade de esferas (podem ser laranjas), aquelas que tenham diâmetro igual ou menor do que "a". O padrão, nesse caso, é o diâmetro, de modo que um dispositivo representado por uma esteira com furos de diâmetro "a" faz a seleção das esferas de tamanho padrão, através da passagem da esfera pelo furo padrão "a". Também podemos aumentar ou diminuir os furos, determinando um novo padrão.

Na Figura 9.1, observamos que as esferas maiores não passarão pelos furos, sendo então transportadas para o final da esteira.

Verificamos, assim, se todas as características da padronização estão contidas no exemplo.

figura 9.1

processo de seleção de esferas

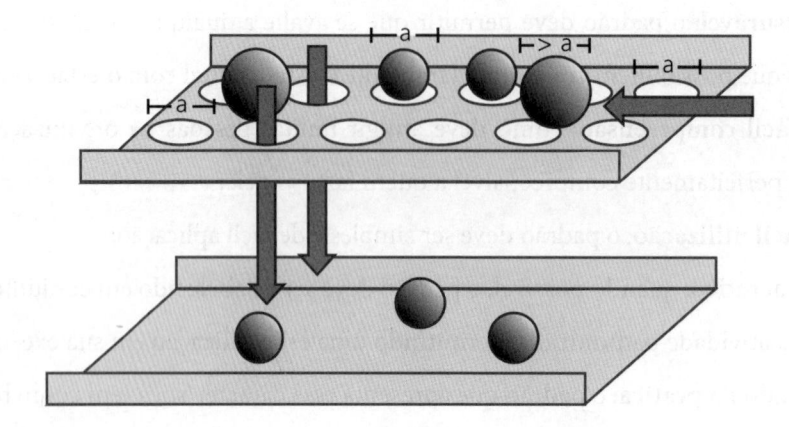

Esse exemplo evidencia que a norma permite uma avaliação da organização em termos de capacidade de fornecimento de um produto com características previsíveis. Desse modo, a normalização pode ser dar em níveis exigidos tanto pelos mercados quanto pela própria organização.

9.2 níveis de normalização

As **organizações**, de forma geral, são estruturadas por normas, sejam internas, que refletem as necessidades de padronização da organização para o desempenho de suas atividades, sejam externas, geradas por organismos nacionais e internacionais e que devem ser seguidas para que os produtos tenham aceitação (Ambrozewicz, 2003).

figura 9.2

esquema dos níveis de normalização

- individual
- empresarial
- associação
- nacional
- regional
- internacional

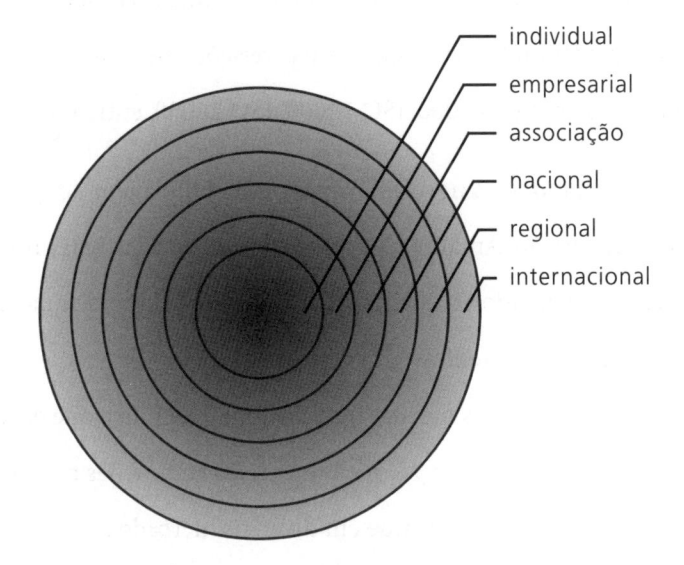

Fonte: Adaptado de AMBROZEWICZ, 2003.

Essa figura representa a estrutura de nível das normas utilizadas em organizações. Conforme Ambrozewicz (2003), os níveis podem ser entendidos como:

» **Nível individual** – Compreende normas do próprio indivíduo, as quais orientam suas ações, independentemente das normas gerais.

» **Nível empresarial** – Diz respeito às normas que a organização utiliza na gestão de suas atividades internas, como normas para compra de material, escolha de fornecedores, códigos de conduta e ética.

» **Nível de associação** – Comporta normas que as associações de entidades de um mesmo ramo elaboram para que sejam cumpridas pelos seus associados. Um exemplo são as Normas da American Society for Testing and Materials (ASTM).

» **Nível nacional** – Abarca as normas que visam adequar os interesses do governo, das indústrias, dos consumidores e da comunidade científica de um país. A normalização é feita por uma organização nacional, como, por exemplo, no caso das normas alemãs – Associação Alemã de Normas Técnicas (DIN) e das normas brasileiras – Associação Brasileira de Normas Técnicas (ABNT – NBR ISO 9001 e NBR ISO 14001).

» **Nível regional** – Compreende as normas que representam os interesses de nações independentes de um mesmo continente ou região. Exemplares, nesse caso, são as normas elaboradas pelo Comitê Mercosul de Normalização (CMN), pelo Comitê Europeu de Normalização (CEN), pela Comissão Pan-Americana de Normas Técnicas (Copant) etc.

» **Nível internacional** – São as normas que resultam da união, da cooperação e de acordos entre diversas nações que têm interesses comuns nas relações entre si. Como exemplo, nesse caso, podemos citar as normas ISO 9000, ISO 14000, ISO 26000, entre outras.

Se bem aplicadas e integradas, as normas formam uma blindagem de qualidade nos produtos e nos processos da organização. Atualmente, empresas certificadas pelas normas estão exigindo de seus fornecedores e distribuidores que tenham uma certificação de qualidade adequada para integrarem a sua cadeia de suprimentos.

Para as organizações, a adoção das normas internacionais significa que os fornecedores podem desenvolver e oferecer produtos e serviços que reúnem especificações com ampla aceitação internacional, permitindo que a organização atue em diversos mercados.

Além disso, a uniformidade da tecnologia mundial, alcançada quando os produtos e os serviços são baseados em normas internacionais, permite aos clientes uma comparação mais clara entre os produtos. A conformidade dos produtos e dos serviços às normas internacionais oferece garantias relativas à sua qualidade, segurança e confiabilidade.

Para os governos, as normas internacionais fornecem as bases científicas e tecnológicas relativas à saúde, à segurança e à legislação ambiental.

Por outro lado, a existência de diferentes normas nacionais ou regionais podem criar barreiras técnicas ao comércio. Por isso, as normas internacionais são os meios técnicos pelos quais os governos podem realizar acordos comerciais independentemente de conflitos internos ou situações casuísticas. Tais situações se configuram quando se trata de países em desenvolvimento, cujos produtos estão sujeitos a diversos tipos de barreiras de entrada, sob as mais variadas alegações. Nesse caso, as normas internacionais representam um consenso sobre o estado da arte e são importantes fontes de *know-how* tecnológico, por definirem as características do que se espera nos produtos e nos serviços pelos mercados de exportação.

É importante observarmos ainda que as normas internacionais referentes ao ar, à água e à qualidade do solo, às emissões de gases e radiação e aos aspectos ambientais dos produtos contribuem para a melhoria de qualidade de vida do ser humano, com vistas a preservar o meio ambiente de danos maiores e irreversíveis.

9.3 international organization for standardization (ISO)*

Em 1946, delegados de 25 países se reuniram em Londres e decidiram criar uma nova organização internacional, que teria como objeto a "facilitação da coordenação internacional e a unificação das normas industriais" (ISO, 2008). Denominada *International Organization for Standardization* ou *Organização Internacional para a Padronização* (ISO), a nova organização não governamental, oficialmente, iniciou suas operações em 23 de fevereiro de 1947 e congrega, atualmente, 157 membros, ou seja, países que respeitam as normas produzidas. Com sede em Genebra, na Suíça, e tendo diversos membros posicionados nos setores públicos e privados ao redor do mundo, tem acesso aos problemas de ambos os setores, melhorando a compreensão e a percepção destes para o estabelecimento das normas.

O objetivo geral das normas é garantir que produtos e serviços tenham embutidos em suas características os padrões desejáveis com relação à qualidade, ao meio ambiente, à segurança, à eficiência, à confiabilidade e à capacidade de substituição com custo adequado economicamente.

Para a ISO, as normas devem:

- » tornar o desenvolvimento, a fabricação e o fornecimento de produtos e serviços mais eficientes, seguros e limpos;
- » facilitar as trocas comerciais entre os países e torná-las mais justas;
- » fornecer aos governos uma base técnica para a saúde, a segurança, o meio ambiente, bem como para a avaliação de conformidade;
- » difundir avanços tecnológicos e práticas de gestão;
- » difundir a inovação;
- » proteger consumidores e usuários em geral na aquisição de produtos e serviços;
- » tornar a vida mais simples, fornecendo soluções a problemas comuns.

A ISO caracteriza-se por ser uma organização democrática, já que cada um de seus membros tem o direito de participar da elaboração de qualquer norma que julgue ser importante para seu país, mas cada membro conta com apenas um voto.

---

* Esta seção é baseada em ISO, 2008. Tradução livre dos autores.

A ISO não tem autoridade sobre qualquer país para impor suas normas, visto que é uma entidade não governamental. Nesse sentido, a adoção de suas normas é realizada voluntariamente pelos governos e pelos mercados, os quais optam por aceitar suas exigências. Assim, as normas são voltadas para atender ao mercado.

As técnicas adotadas nas normas são objeto de estudos realizados por especialistas em suas áreas e são definidas por consenso. Podem ser revistas periodicamente, em um prazo de cinco anos, para que se verifique se são mantidas ou alteradas, refletindo, desse modo, as inovações. Para serem objeto das normas, os itens devem ser relevantes mundialmente, o que significa que são consideradas tecnologias de nível mundial na elaboração das normas, tornando-se úteis globalmente.

As normas ISO podem, portanto, ser determinantes para um item muito específico, tal como a ISO 22961:2008, que se refere a "titânio e ligas de titânio – determinação de ferro – absorção atômica espectrometria", ou a norma ISO 22875:2008, que se refere a "energia nuclear – determinação do cloro e flúor em dióxido de urânio em pó". Podem também ser de caráter geral, como a norma ISO 9001: Gestão da qualidade e a ISO 14001: Gestão Ambiental. Estas últimas são sistemas genéricos de gestão, visto que o mesmo padrão pode ser aplicado a qualquer empresa, grande ou pequena, seja qual for o seu produto ou serviço, em qualquer setor de atividade, podendo ainda se tratar de uma empresa, um órgão da administração pública ou um departamento governamental.

9.4 a ISO e os países em desenvolvimento*

A organização ISO desenvolveu um plano de ação para os países em desenvolvimento com o objetivo de auxiliá-los na identificação das necessidades, no desenvolvimento e na preparação de manuais, documentação, sistemas de informação e promoção. Tais atividades estão a cargo dos Programas de Desenvolvimento e Treinamento, que constituem uma unidade central da ISO.

Como as necessidades dos países em desenvolvimento são diferentes das dos países desenvolvidos, o plano prevê o auxílio aos países de modo a prover um benefício duradouro, em função da globalização da indústria e do comércio. Pode envolver normas específicas para a avaliação

---

* Esta seção é baseada em ISO, 2004. Tradução livre dos autores.

de conformidade, apoio por meio de tecnologia de informação, documentação, especialização técnica ou de gestão, incluindo os seminários de formação.

O plano de ação foi criado para que os governos pudessem estabelecer suas próprias prioridades na utilização da assistência oferecida. Os elementos do plano de ação podem ser financiados por programas específicos, destinados somente à assistência técnica nos países em desenvolvimento.

O plano de ação da ISO para os países em desenvolvimento prevê cinco objetivos:

1. Melhorar a sensibilização dos principais envolvidos nos países em desenvolvimento a respeito do papel da normalização no crescimento econômico, no comércio mundial e no desenvolvimento sustentável.

A sensibilização das autoridades públicas, das indústrias e seus empresários e de outros agentes econômicos dos países em desenvolvimento sobre a importância das normas internacionais é fundamental para o desenvolvimento econômico desses países. Isso é particularmente importante para a divulgação da tecnologia, para a melhoria da qualidade de produtos e serviços, bem como para a promoção de um bom negócio e práticas de gestão. Direcionam-se campanhas de sensibilização, visando ao reforço das infraestruturas nacionais de normalização e atividades conexas, tais como metrologia, ensaios, certificação e acreditação.

2. Aumentar a capacidade dos membros da ISO e envolvidos no desenvolvimento da infraestrutura de normalização, bem como a participação no trabalho de normalização internacional.

Garantir a implementação e a utilização das normas internacionais, participando ativamente das atividades de normalização de importância direta para a economia nacional e da obtenção da informação relevante. Esse procedimento exige uma infraestrutura eficaz, ferramentas adequadas e pessoal qualificado nos organismos regionais e nacionais.

3. Aumentar a cooperação regional e nacional na troca de experiências, recursos, formação, tecnologias da informação e comunicação.

A cooperação regional e nacional, em termos de normalização e matérias conexas, é a mais adequada para a troca de experiências, visto que se dá pela organização de treinamentos e, dessa forma, otimiza a participação na normalização internacional, assegura uma aplicação coerente das normas internacionais. O plano de ação visa promover as relações entre entidades dos países em desenvolvimento e organizações regionais, além de coordenar o desenvolvimento de capacidades com vistas a construir sinergias e desenvolver parcerias.

4. Desenvolver a comunicação eletrônica e os conhecimentos em ferramentas de tecnologia da informação (TI) para participar dos trabalhos internacionais de normalização e fazer chegar aos envolvidos para a utilização de forma eficiente dos e-serviços (serviços eletrônicos) proporcionados pela ISO.

O objetivo aqui é estender às partes envolvidas o acesso à normalização internacional e a participação nesse processo. Isso requer a capacidade de utilização e aplicação de comunicações eletrônicas e ferramentas de TI. O plano de ação para os países em desenvolvimento tem como objetivo ajudar os membros da ISO no fortalecimento de suas tecnologias de informação e comunicação e infra-estrutura, para incentivar a utilização de todos os serviços eletrônicos e ferramentas de TI desenvolvidos pela ISO e colocados à disposição dos seus membros.

5. Aumentar a participação na direção e no trabalho técnico da ISO para o estabelecimento de prioridades, contribuir e influenciar o conteúdo técnico da ISO.

O quinto objetivo da ISO para os países em desenvolvimento é apoiar a participação desses países nas estruturas de direção da ISO no que diz respeito à elaboração de políticas e às atividades realizadas por técnicos da ISO nas comissões, nas subcomissões e nos grupos de trabalho. Ao participar desses três níveis, os países em desenvolvimento podem garantir que os seus interesses sejam levados em conta.

Fica claro que a ISO, por meio do plano de ação para os países em desenvolvimento, fomenta ações no sentido de igualar as condições já existentes nos países desenvolvidos. Essas ações diminuem a diferença na aplicação de recursos que influenciam as normas seguidas futuramente e também evidenciam a importância dos mercados e das indústrias emergentes nesses países.

Para saber mais

Para conhecer um pouco mais sobre a ISO consulte o *site* da instituição:

ISO – International Organization for Standartization. Disponível em: <http://www.iso.org/iso/home.htm>. Acesso em: 2 ago. 2010.

Síntese

Você pôde perceber através deste capítulo que a padronização e a normalização andam juntas quando falamos em sistemas de avaliação da qualidade. As características imprescindíveis da padronização e os níveis de normalização foram estudados permitindo uma noção da estrutura hierárquica das normas. Verificou também a origem das normas ISO e sua evolução, incluindo a atuação nos países em desenvolvimento.

questões para revisão

1. Quais são as principais características da padronização? Exemplifique cada uma delas.
2. Justifique os níveis de normalização "associação" e "internacional".
3. O que significa a sigla ISO? Como essa instituição surgiu e conseguiu a adesão dos principais países do mundo?
4. Qual é o significado das normas ISO e qual a sua finalidade?
5. Qual é o plano de ação da ISO para os países em desenvolvimento?

questões para reflexão

1. Pesquise a diferença entre normalização, normatização e padronização.
2. Faça uma pesquisa e identifique ao menos três outros órgãos de normalização internacional.

10
gestão da qualidade – Normas Série ISO 9000

Conteúdos do capítulo

» A gestão da qualidade através das normas ISO;
» A estrutura das normas e suas aplicações;
» A avaliação das normas para a qualidade, para a gestão ambiental;
» A estrutura das normas ABNT NBR 16001 e da futura norma de responsabilidade social pela ISO.

Após o estudo deste capítulo, você será capaz de:

» Reconhecer a necessidade das normas na relação entre as organizações;
» Conhecer a série de normas ISO 9000;
» Conhecer a série de normas ISO 14000;
» Conhecer a NBR ISO 10002:2005;
» Conhecer as normas de responsabilidade social;
» Interpretar a estrutura das normas e sua validação.

Histórica e prioritariamente, os países e as organizações preocuparam-se preliminarmente em estabelecer padrões para itens específicos, os quais se refletiam na qualidade do processo ou do produto produzido de forma individualizada e unitária.

Evidentemente, os padrões de qualidade foram mais exigidos em épocas de confrontos militares internacionais. A duas grandes guerras mundiais foram situações que forçaram os países a pensar e repensar a qualidade. No Pós-Guerra de 1945, os EUA começaram a estabelecer normas para aquisição de produtos militares, e outros organismos passaram a exigir de seus fornecedores padrões para a aceitação de seus produtos. Na década de 1970, muitas organizações privadas e governamentais estabeleceram suas normas de gestão da qualidade, inclusive com a confecção de manuais. Alguns exemplos são a Norma britânica BS 5750 e a Norma ANSI/ASQC Z-115 dos EUA.

O Comitê Técnico 176 da ISO de Gestão da Qualidade e Garantia da Qualidade (ISO/TC 176) foi estabelecido em 1979, mas a primeira norma emitida foi a ISO 8402 em 1986, que padronizou a terminologia da gestão da qualidade. Já em 1987 foram elaboradas a ISO 9001, a ISO 9002 e a ISO 9003, as quais abrangiam desde os requisitos de qualidade dos sistemas de gestão, operados por organizações com diferentes âmbitos de atividade (aqueles com função industrial), até aqueles exclusivamente focados na realização de serviços e manutenção. As Normas ISO 9004 complementaram as orientações sobre a qualidade dos sistemas de gestão.

As Normas Série ISO 9000 se tornaram as mais conhecidas e utilizadas no mundo, servindo de referencial e padrão de qualidade para as organizações estabelecerem o Sistema de Gestão da Qualidade (SGQ).

Os grupos de normas analisadas neste capítulo refletem as normas brasileiras adotadas e aprovadas pela Associação Brasileira de Normas Técnicas (ABNT). A sigla *NBR* significa *norma aprovada ou adotada no Brasil*:

- » NBR ISO 9000:2005 – SGQ – Fundamentos e vocabulário;
- » NBR ISO 9001:2008 – SGQ – Requisitos – versão corrigida;
- » NBR ISO 9004:2000 – SGQ – Gestão para o Sucesso Sustentado de uma Organização – Uma abordagem da gestão da qualidade;
- » NBR ISO 10002:2005 – SGQ – Satisfação do cliente – Diretrizes para o tratamento de reclamações nas organizações.

Esse conjunto de normas pretende atender às diversas organizações que necessitam trabalhar sob condições de exigências de qualidade, incluindo aquelas dedicadas especialmente a serviços, motivo da inclusão da NBR ISO 10002:2005 – Satisfação do cliente.

10.1 características da NBR ISO Série 9000*

A norma deixa claro que a implementação de um sistema de gestão da qualidade é uma decisão estratégica e, como tal, deve ser adotada pela direção-geral da organização. Essa decisão, nos dias atuais, passa pelo fornecimento de bens ou serviços de alta qualidade; portanto, para uma organização alcançar esse objetivo, a qualidade deve ser constantemente melhorada e a resolução de situações de insatisfação deve ser implementada, a fim de que, assim, a organização crie diferenciais competitivos.

Além de atender a seus clientes e fornecedores, a organização deve atender também a seus funcionários, investidores e à sociedade, de maneira eficaz e eficiente, transferindo para estes os diferenciais obtidos em seu desempenho.

Para cumprir o atendimento proposto, é preciso responder às seguintes perguntas: Quais são os princípios de qualidade fundamentais para a organização? Por que devem ser seguidos? Os princípios dão uma direção às organizações naquilo que elas têm que cuidar de maneira especial? Os princípios permitem que a organização não disperse os seus recursos, gastando-os em algo que não traz resultados efetivos à organização? A partir dessas questões, estabelecem-se oito princípios da gestão da qualidade, citados por Maranhão (2006):

1. **Foco no cliente** – É o objetivo maior de qualquer organização. O cliente pode ter outras designações (*consumidor, usuário, público*), entretanto o bem ou o serviço é sempre prestado a ele, que, de forma direta ou indireta, é o motivo da existência das organizações.

2. **Liderança** – Pode ser interpretada como uma liderança no negócio ou como uma atuação por meio da liderança em qualidade. Esse mesmo princípio definirá o grau de engajamento das pessoas, o qual é decorrente do interesse delas pela organização e por seus processos, bem como daquilo que a organização pode oferecer em contrapartida.

3. **Engajamento das pessoas** – Representa o comprometimento das pessoas com os processos em que estão envolvidas.

4. **Abordagem por processos** – Este princípio, bem como o pensamento sistêmico, dá à qualidade a visão do todo. Isso se justifica uma vez que são os processos que determinarão os

---

* Esta seção é baseada em Maranhão, 2006.

resultados obtidos pelas organizações. A abordagem sistêmica permite a análise das consequências dos processos adotados pela organização e do seu impacto em cada instante da produção e/ou fornecimento.

5. **Abordagem sistêmica para a gestão** – Como dito anteriormente, refere-se à utilização do pensamento sistêmico para a tomada de decisões.
6. **Melhoria contínua** – O princípio relativo à melhoria contínua indica que a norma prevê a evolução da qualidade, não necessariamente mantendo o sistema de gestão da qualidade original, o que permite que as organizações se desenvolvam e aperfeiçoem seus produtos com o tempo.
7. **Abordagem factual para a tomada de decisão** – Muito utilizado para a avaliação da qualidade, este princípio indica a utilização de dados como fundamento para sistemas de gestão da qualidade, em que a tomada de decisões deve se realizar com base em fatos e não em situações subjetivas.
8. **Benefícios mútuos nas relações com os fornecedores** – Partem da lógica de que o fornecedor poderá ampliar o espectro da qualidade, oferecendo matéria-prima de qualidade, a qual, por sua vez, resultará em ganhos de mercado do produto principal e também em ganhos para o próprio fornecedor. Assim, são fomentadas as relações de qualidade com os fornecedores, o que redunda em benefícios mútuos.

A norma considera a abordagem por processos, entretanto deixa claro que a abordagem adotada se restringe à NBR ISO 9001:2008 e à NBR ISO 9004:2010 e não se aplica a outras, tais como a de gestão ambiental ou a de responsabilidade social.

Uma análise da NBR ISO 9001:2008 evidencia que esta se destina a fornecer parâmetros para prover internamente a organização com qualidade, além de fornecer uma certificação que se concentra na eficácia do sistema e no atendimento ao cliente. Objetiva, principalmente, o reconhecimento de organizações voltadas à qualidade. Já a NBR ISO 9004:2010 objetiva a melhoria dessa qualidade e é destinada a organizações que requerem a melhoria contínua além da obtenção da certificação.

Outra vantagem considerada é a adoção de um sistema contínuo de controle e implementação dos processos e a ligação entre eles, considerando sua combinação e interação.

As duas normas estão estruturadas a partir do modelo do sistema de gestão da qualidade baseado em processos, como mostra a figura a seguir. Como vimos, a NBR ISO 9001:2008 foca em registros e padrões, enquanto a NBR ISO 9004:2010 concentra-se na melhoria do processo organizacional da qualidade.

figura 10.1

modelo de um sistema de gestão da qualidade baseado em processo

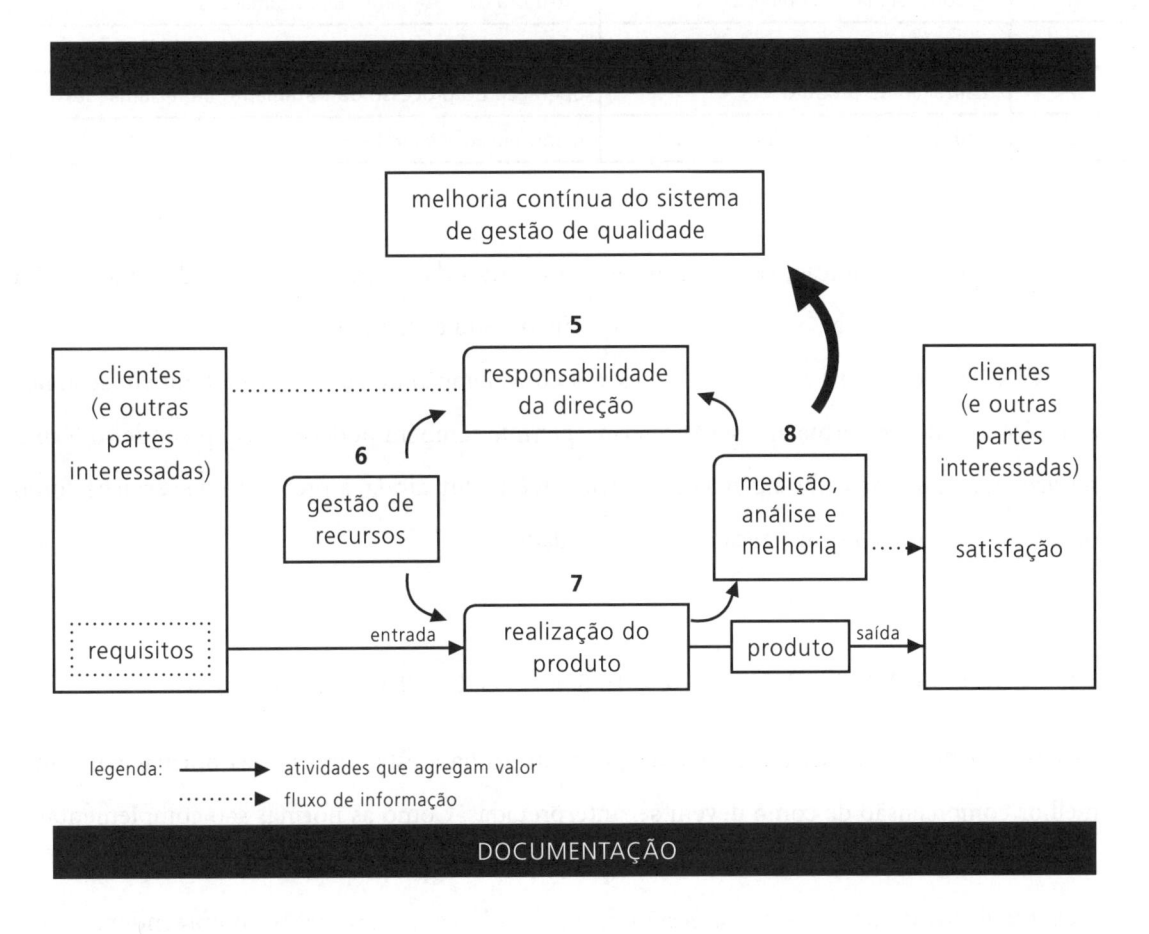

Fonte: Adaptado de MARANHÃO, 2006, p. 53.

Essa figura indica, pela numeração (de 5 a 8), as seções abordadas na NBR ISO 9001:2008. Todo o sistema necessita de registros para a certificação, os quais são traduzidos pela documentação gerada pela implementação do sistema de gestão da qualidade.

A NBR ISO 9001:2008 é composta por nove seções e anexos e incluiu-se também a estrutura da NBR ISO 10002:2005, conforme apresentado no quadro a seguir.

quadro 10.1

estrutura das normas

seção	conteúdo NBR ISO 9001: 2008	conteúdo NBR ISO 10002:2005
0	introdução	introdução
1	objetivo da norma	objetivo da norma
2	referência normativa	referência normativa
3	termos e definições	termos e definições
4	sistema de gestão da qualidade	princípios orientativos
5	responsabilidade da direção	estrutura de tratamento de reclamações
6	gestão de recursos	planejamento e projeto
7	realização do produto	operação do processo de tratamento de reclamações
8	medição, análise e melhoria	manutenção e melhoria

Fonte: Adaptado de ABNT NBR ISO 10002:2005; 9001:2008.

Pela simples comparação, verificamos que a estrutura da norma é padronizada da seção 0 à seção 3, mas, a partir daí, os assuntos são específicos para cada uma.

A NBR ISO 9004:2010 insere em seu texto a consideração de que a norma também se aplica a serviços, e onde a norma apresenta o termo *produto* também podemos compreender o termo *serviço*. Isso aumenta a abrangência da norma, que inclui, ainda, a prestação de serviços como objeto de melhoria e normalização para a qualidade.

10.1.1

NBR ISO 9001:2008 e NBR ISO 9004:2010*

Apresentamos, a seguir, um resumo que acompanha a estruturação das normas para uma melhor compreensão de como devem ser interpretadas. Como as normas são complementares, abordaremos ambas de forma estruturada, guardando suas próprias identidades.

Os requisitos de um sistema de gestão da qualidade para a ISO 9001 compreendem o estabelecimento, a documentação, a implementação e a manutenção de um sistema de gestão da qualidade e o melhoramento contínuo de sua eficácia. A ISO 9004 a complementa, de modo a considerar a eficiência, o desempenho da organização, levando em conta, efetivamente, as partes interessadas.

---

* Esta seção é baseada em ABNT NBR ISO 9001:2008 e NBR ISO 9004:2010.

A ISO 9001 indica os processos que devem ser executados pela organização, enquanto a ISO 9004 indica aqueles que devem ser estabelecidos pela alta direção para fazer com que a organização seja voltada ao atendimento das necessidades dos clientes.

A norma (como já esclarecido) é dividida em seções, sendo que as **iniciais** (de 1 a 3) têm abrangência geral, ou seja, são comuns a qualquer norma e introduzem o leitor nos temas. Já na **seção quatro**, *documentação* é uma palavra-chave na ISO 9001 e depende do tamanho da organização, do tipo de atividade, da complexidade dos processos e seus relacionamentos e da competência do pessoal. A documentação pode estar registrada em qualquer forma ou tipo de meio de comunicação, incluindo os meios mais avançados de registro. O manual da qualidade é um dos documentos mais significativos, pois deve conter o escopo do sistema de gestão da qualidade, além de detalhes, justificativas, procedimentos estabelecidos para o sistema e ainda a descrição da interação entre os processos do sistema. Os requisitos de gestão de documentação e informação também devem ser considerados como fatores fundamentais e integrantes para a qualidade, sendo que estão entre eles o controle de documentos e o controle de registros.

A ISO 9004 incluiu nessa seção a relação dos princípios da gestão da qualidade (já indicados anteriormente). Considera que a utilização adequada dos princípios resulta em maiores retornos financeiros e criação de valor para a organização, tornando-a mais estável.

A **seção cinco** enuncia as responsabilidades da direção, reservando à ISO 9001 o comprometimento da direção com o desenvolvimento e a implementação do sistema de gestão da qualidade e com a melhoria contínua de sua eficácia, o que deve ser atingido pela comunicação dos requisitos do cliente e de como atingi-los, pelo estabelecimento de uma política da qualidade, pela determinação dos objetivos da qualidade na condução de análises críticas realizadas pela direção-geral e pela garantia de recursos para o sistema de gestão da qualidade. O foco no cliente é um item fundamental, necessitando consideração especial da direção-geral da empresa.

Nesse item em especial, a ISO 9004 inclui a necessidade de a direção-geral definir os métodos de medição de desempenho para a verificação dos objetivos. Os métodos incluem: medição financeira; medição de desempenho de processo por toda a organização; medição externa, como comparação com as melhores práticas; avaliação da satisfação dos clientes e das outras partes interessadas quanto ao desempenho do produto fornecido; medição de outros fatores de sucesso identificados pela direção.

Ênfase especial é dada às necessidades e às expectativas das partes interessadas, que podem ser os *stakeholders* da organização e compreendem os clientes e os usuários finais, as pessoas da organização, os fornecedores e os parceiros, os proprietários, os investidores e o setor público com interesse na organização e, finalmente, a comunidade e o público atingido pela organização ou seus produtos. A organização será bem-sucedida se entender e atender as necessidades das partes interessadas. Essa seção considera que necessidades e expectativas dos clientes e usuários finais em relação aos produtos da organização incluem as seguintes características: conformidade; garantia de funcionamento; disponibilidade; entrega; atividades pós-realização; preço e custo do ciclo de vida; segurança do produto; responsabilidade civil pelo produto; impacto ambiental.

São consideradas, ainda, características das pessoas no trabalho, dos proprietários e dos investidores, dos fornecedores, enfim, das partes interessadas.

Além disso, devem ser levados em conta os requisitos estatutários e regulamentares (normas) relativos ao produto, nos quais se incluem a consideração com a ética e os benefícios para todos no interesse da comunidade.

Devem ser garantidas as políticas da qualidade, seus objetivos e o planejamento para atingi-los, bem como os processos de comunicação direta, interna e/ou externa, por meio de representante da direção-geral, sob análise crítica permanente desta.

A **seção seis** é destinada à gestão dos recursos necessários à implementação do sistema de gestão da qualidade. São abordados os seguintes itens:

- » Pessoas: é dado destaque especial a elas, ao envolvimento delas com o processo, no desenvolvimento da competência, da conscientização e do treinamento, pois são a base do processo de gestão da qualidade em qualquer organização;
- » infraestrutura: nessa questão são abordadas a sua provisão, a manutenção, a avaliação e a consideração de fatores ambientais associados, tais como poluição, reciclagem etc.;
- » ambiente de trabalho: deve considerar a interação social, a ergonomia dos objetos e os equipamentos de segurança;
- » informação: deve considerar a coleta, a destinação e a disseminação adequadas;
- » fornecedores e parceiros: os fornecedores devem ser tratados como parceiros e, como tal, são parte fundamental e integrante dos processos da organização, por isso devem ser conhecidos como se conhece a própria organização;
- » recursos naturais: normalmente, estão fora do controle da maioria das organizações e, por isso, devem ser estabelecidas estratégias para a manutenção dos recursos de forma apropriada, minimizando os efeitos de seu consumo;
- » recursos financeiros e suas fontes: podem e devem ser confrontados com situações anteriores, a fim de garantirem o fluxo de recursos para o sistema de gestão da qualidade.

A **seção sete** aborda a realização do produto, aqui considerado como um bem físico, ou a prestação de um serviço, ou a combinação de ambos. A abordagem por processos é detalhada, visto que o fim de um processo pode ser o início de outro, formando uma rede de processos que deve ser entendida. Sua compreensão permite à organização definir com clareza quais são as entradas e o que é necessário para a obtenção das saídas programadas.

Alguns aspectos devem ser vistos com atenção no processo de entrada: a competência das pessoas; a documentação; a capacidade e o monitoramento de equipamentos; saúde e segurança no ambiente de trabalho. Durante sua execução, podem ser utilizadas ferramentas de análise de processos como medida preventiva, dentre as quais destacam-se a análise de modos e efeitos de falha, a análise de árvore de falha, os diagramas de relacionamento, as técnicas de simulação e os prognósticos de confiabilidade.

Uma análise crítica é necessária para verificar a obtenção do resultado, validar o produto e o processo, inclusive suas alterações. Os processos podem ser analisados com relação aos *stakeholders* quanto à aceitação do produto pelo cliente e ao impacto causado. Devem ser considerados também os processos de validação de saídas do projeto em relação a todas as partes envolvidas.

Como um processo sistêmico, devem ser considerados os mecanismos de aquisição das matérias-primas ou da prestação de serviços, bem como os processos de controle dos fornecedores em sua escolha e critérios de decisão sobre os itens de fornecimento (qualidade, preço, prazo, pontualidade e outros). As operações de produção e serviço se subdividem em diversas outras, tais como a identificação e a rastreabilidade, a propriedade do cliente sob a guarda e os cuidados da organização e a preservação do produto. Finalmente, a organização deve garantir a utilização do controle de dispositivos de medição e monitoramento.

Na **seção oito**, encontram-se as ações de medição, análise e melhoria, as quais compreendem a medição e o monitoramento do desempenho do sistema e da satisfação do cliente por meio da gestão das informações. A realização de auditorias internas garante que a organização tenha em seus processos os requisitos necessários para um sistema de gestão da qualidade.

Outros itens a serem medidos e avaliados compreendem as medições financeiras, tais como a análise dos custos de prevenção e avaliação, dos custos de não conformidade, dos custos das falhas internas e externas e o custo do ciclo de vida. A realização da autoavaliação também direciona para a melhoria da qualidade e do sistema de gestão, o que também deve ser ser considerado no processo de medição e avaliação.

A medição e o monitoramento dos processos acontecem através de sua capacidade, tempo de reação, rendimento, redução do desperdício e outros fatores. A medição e o monitoramento do produto visa garantir que este se encontre dentro dos padrões e de acordo com as características e as necessidades dos clientes. As características dos produtos é que determinarão as necessidades de medição, por meio de ensaios, inspeções, verificações de produtos e outros processos. São estabelecidas ainda ações para a medição e o monitoramento da satisfação das partes interessadas.

Os procedimentos também incluem o controle de não conformidades, que, após identificadas, sofrem uma análise crítica e consequente correção. A análise crítica se dá pela observação dos dados obtidos e pode ser realizada pela utilização de diversos métodos, já estudados nos capítulos anteriores deste livro.

Finalmente, após o controle e a análise, podem ser sugeridas melhorias no sistema, as quais são identificadas e corrigidas a partir das informações fornecidas por diversos elementos de comunicação, entre os quais se destacam as reclamações dos clientes, os relatórios de não conformidade, os relatórios de auditoria interna, os resultados de análise crítica pela direção, os resultados de análise de dados.

São previstos, ainda nesse item, ações de prevenção contra perdas, as quais devem gerar um plano para o estabelecimento de ações prioritárias, culminando com a melhoria contínua da organização dadas as ações de envolvimento de pessoas e a implementação de uma estrutura apropriada para a criação desses processos.

Verificamos, então, que as normas utilizam-se de diversas ferramentas de avaliação da qualidade para a modelagem e a criação de um sistema de gestão da qualidade. A NBR ISO 9001:2008 foca seu método em processos, direcionados a estabelecer um padrão para a organização, enquanto a NBR ISO 9004:2010 estabelece padrões para a melhoria contínua nas organizações de forma sustentada.

10.1.2
NBR ISO 10002:2005*

Trata-se da norma que fornece orientações para ordenar o processo de reclamações sobre bens e serviços dentro da organização. As orientações incluem planejamento, projeto, operação, manutenção e melhorias no sistema de atendimento das reclamações.

Os princípios orientativos utilizados pela norma fazem parte da **seção quatro** e direcionam a realização das análises das reclamações, além de traduzirem os elementos necessários à gestão das reclamações. Os princípios são:

---

* Esta seção é baseada em ABNT NBR ISO 10002:2005.

1. **Visibilidade** – O local onde o cliente deve efetuar suas reclamações deve estar claro e à mostra.
2. **Acessibilidade** – Diz respeito ao fornecimento das informações do produto ao cliente, incluindo linguagem, formato e disponibilidade, pois, se o cliente tiver todas as informações sobre o produto, ele próprio realizará uma análise antes de reclamar.
3. **Prontidão nas respostas** – As reclamações efetuadas devem ser dirigidas aos setores competentes de forma rápida, e o encaminhanto deve ser fornecido ao cliente de modo cortês, orientando todos os passos para manter o cliente tranqüilo quanto ao seu acompanhamento.
4. **Objetividade** – As informações devem ser tratadas de forma objetiva e imparcial, assim como os meios utilizados precisam ter a capacidade de prover condições específicas para cada tipo de reclamação.
5. **Ônus** – Os custos gerados pela reclamação devem ser suportados pela organização prestadora dos bens ou serviços, visto que tal reclamação pode tornar-se uma oportunidade para melhorar os produtos oferecidos, gerando ganhos para as organizações.
6. **Confidencialidade** – As reclamações devem ser tratadas de forma sigilosa, de modo que somente as pessoas envolvidas em sua solução considerem a existência da personalidade do cliente. Por exemplo, de nada adianta fornecer o nome do cliente que reclama para o assistente de contabilidade se ele (o nome) não for o objeto do processo.
7. **Abordagem com foco no cliente** – Traduz a necessidade de atender bem o cliente, de maneira que sua reclamação não pode ser vista com desdém ou má vontade.
8. **Responsabilidade** – Implica a aceitação, pela organização, da resolução efetiva da reclamação com o objetivo de proceder à restauração das condições normais do fornecimento.
9. **Melhoria contínua** – O princípio se utiliza das características de qualidade e visão do cliente para a implementação da melhoria no processo produtivo ou do fornecimento de serviços. O cliente é aquele para o qual os produtos são direcionados, bem como objeto da melhoria nos processos, incluindo-se, nessa questão, o processo de reclamações, que deve ser visto como oportunidade de melhora.

A **seção cinco** indica a estrutura de tratamento de reclamações, na qual é destacado o comprometimento da organização com o processo de reclamações, isto é, o comprometimento em responder e atender, dentro da diretrizes definidas, as reclamações dos clientes. Considera que deve existir uma política clara para a aceitação do processo de reclamações, devendo estar vinculada às principais políticas de qualidade da organização. Tais políticas precisam ser registradas, pois, assim, permitem o acesso e a disseminação das informações por todos. Definem graus de autoridade e responsabilidade para a direção-geral, gerentes das áreas envolvidas e pessoal de contato com os clientes, dando ênfase ao treinamento específico de tais colaboradores nos processos de reclamações e no atendimento ao cliente, desenvolvendo suas habilidades de relacionamento interpessoal e de comunicação.

Os recursos, as atividades e os objetivos que devem ser atendidos no processo de reclamação são descritos de forma sucinta na **seção seis** e indicam a necessidade de que o processo seja assumido pela alta direção para que seja eficaz.

O processo de reclamações é composto por diversas operações. A **seção sete** considera relevantes as seguintes operações: comunicação; recebimento da reclamação; acompanhamento da reclamação; confirmação da reclamação; avaliação inicial da reclamação; investigação das reclamações; resposta à reclamação; comunicação da decisão; encerramento da reclamação.

As operações devem sempre resolver a reclamação do cliente, mesmo que a decisão técnica não seja favorável a ele. Nesse caso, o cliente deve ser instruído, convencido de que a reclamação não era procedente e que houve interpretação errônea do objeto da reclamação.

A **seção oito** diz respeito à manutenção e à melhoria do processo a partir das reclamações dos clientes. O tratamento da informação das reclamações pode permitir que a organização direcione quantidades maiores de recursos para reclamações com muitas ocorrências. Isso permite investimentos em meios mais avançados tecnicamente para a solução geral de um problema sistêmico identificado. As reclamações são então analisadas e avaliadas, e a satisfação com o processo de tratamento de reclamações deve ser considerada. Além disso, faz-se necessário realizar o monitoramento, a auditoria e a análise crítica pela direção, com vistas à melhoria contínua.

A norma fornece diversos anexos que auxiliam as organizações no processo de tratamento das reclamações dos clientes (formulários, questionários e outros). Nem todas as organizações podem prover todos os recursos necessários ao atendimento do processo; assim, em função da limitação de recursos, destacam-se as áreas-chave, mínimas, para a atuação da organização, cujas informações estão contidas no Anexo A da norma.

Os preceitos de qualidade indicam que a organização deve atender às necessidades dos clientes para ter sucesso. As reclamações dos clientes necessitam de duas abordagens distintas: a melhoria no processo de produção ou de fornecimento do serviço e melhoria no atendimento efetivo da reclamação do cliente.

A melhoria no processo traz evidentemente benefícios para a organização, quando permite que mais clientes adquiram o produto colocado no mercado em função de suas características de qualidade. Consideram-se, entretanto, o volume dessas reclamações e sua natureza. Quanto à natureza, se a reclamação se reportar a uma função que deveria existir, seu atendimento deve ser imediato, repondo o produto de forma ágil e sem restrições. Se a reclamação for uma oportunidade para a melhoria do produto, deve passar pelos departamentos competentes da organização, para que se verifique a possibilidade de sua inclusão no produto principal. Nesse caso, evidentemente, o cliente não será atendido, mas poderá ser informado e instruído quanto às funcionalidades do produto adquirido.

> Os Serviços de Atendimento ao Consumidor (SAC) são um exemplo de departamento voltado a resolver as reclamações dos clientes. Grandes empresas veem tais serviços não só como oportunidades para o atendimento das reclamações, mas também como porta de entrada para ideias externas à organização.

Os produtos são oferecidos a um grande mercado, que proverá as reclamações relativas aos produtos. Em parte, as reclamações são originadas por pequenos problemas no processo, em função dos desvios esperados e, nesse caso, atende-se somente aquela reclamação específica do cliente, ao passo que, se as reclamações forem registradas em volumes altos, ou comprometerem significativamente o produto ou a segurança do cliente, devem ser analisadas de forma rápida e as ações para o atendimento tem de ser precisas e ágeis.

Um exemplo da situação acima é o *recall* realizado por grandes empresas. Normalmente, os problemas são identificados pelas reclamações dos clientes. O *recall* é o resultado da identificação de um problema encontrado no produto; porém, esse problema é originário do projeto do produto ou do fornecimento de matérias-primas inadequadas e, por estar fora das especificações aplicadas ao produto, gera riscos para o cliente. Já foram realizados, nos mercados brasileiros, diversos *recalls* de produtos automotivos e de produtos da indústria eletro-eletrônica.

10.1.3
NBR ISO 14001:2004 *

Essa norma é aquela que especifica os requisitos para um sistema de gestão ambiental. Permite às organizações o desenvolvimento e a implementação de uma política ambiental e a definição de objetivos que levem em conta os requisitos legais e outros requisitos que a organização declara seguir, incluindo as informações sobre aspectos ambientais significativos.

Além dos fatores relacionados com as características da qualidade, uma organização busca a certificação ambiental por diversos motivos:

» ser reconhecida como uma organização voltada à qualidade ambiental, garantida por ações voltadas à gestão ambiental e à divulgação ao mercado;

» confirmar suas aspirações e as declarações feitas publicamente, buscando, assim, o reconhecimento através de sua aceitação pelos clientes e outros organismos que adquirem seus produtos, pelos representantes que comercializam os produtos da organização e pelos fornecedores que integram a cadeia de suprimento;

» procurar certificação e registro do seu sistema de gestão ambiental por uma organização externa.

Todos os requisitos da ISO 14001:2004 são destinados a serem incorporados em qualquer sistema de gestão ambiental. A extensão da aplicação depende de diversos fatores, tais como a política ambiental da organização, a natureza de suas atividades, os produtos e os serviços oferecidos, bem como a localização e as condições em que funciona. A ISO 14001:2004 prevê, em seu Anexo A, orientação sobre essa utilização.

Conforme Cajazeira e Barbieri (2008), as normas de gestão ambiental foram propostas de forma autônoma e, consequentemente, podem ser implementadas de forma isolada. Fica evidente que, se houvesse a integração das normas, os resultados obtidos na área ambiental seriam potencializados. Desse modo, a ISO 14001:2004 vem estruturar um sistema de gestão ambiental com base no ciclo PDCA (já examinado nos capítulos anteriores). A figura a seguir apresenta o modelo dessa norma, suas utilidades e correlações com as demais normas da Série 14000, indicando em que quadrante do ciclo PDCA elas se encontram.

---

* Esta seção é baseada em ABNT NBR ISO 14001:2004.

figura 10.2

modelo ISO 14001:2004 e suas correlações com as demais normas da série 14000

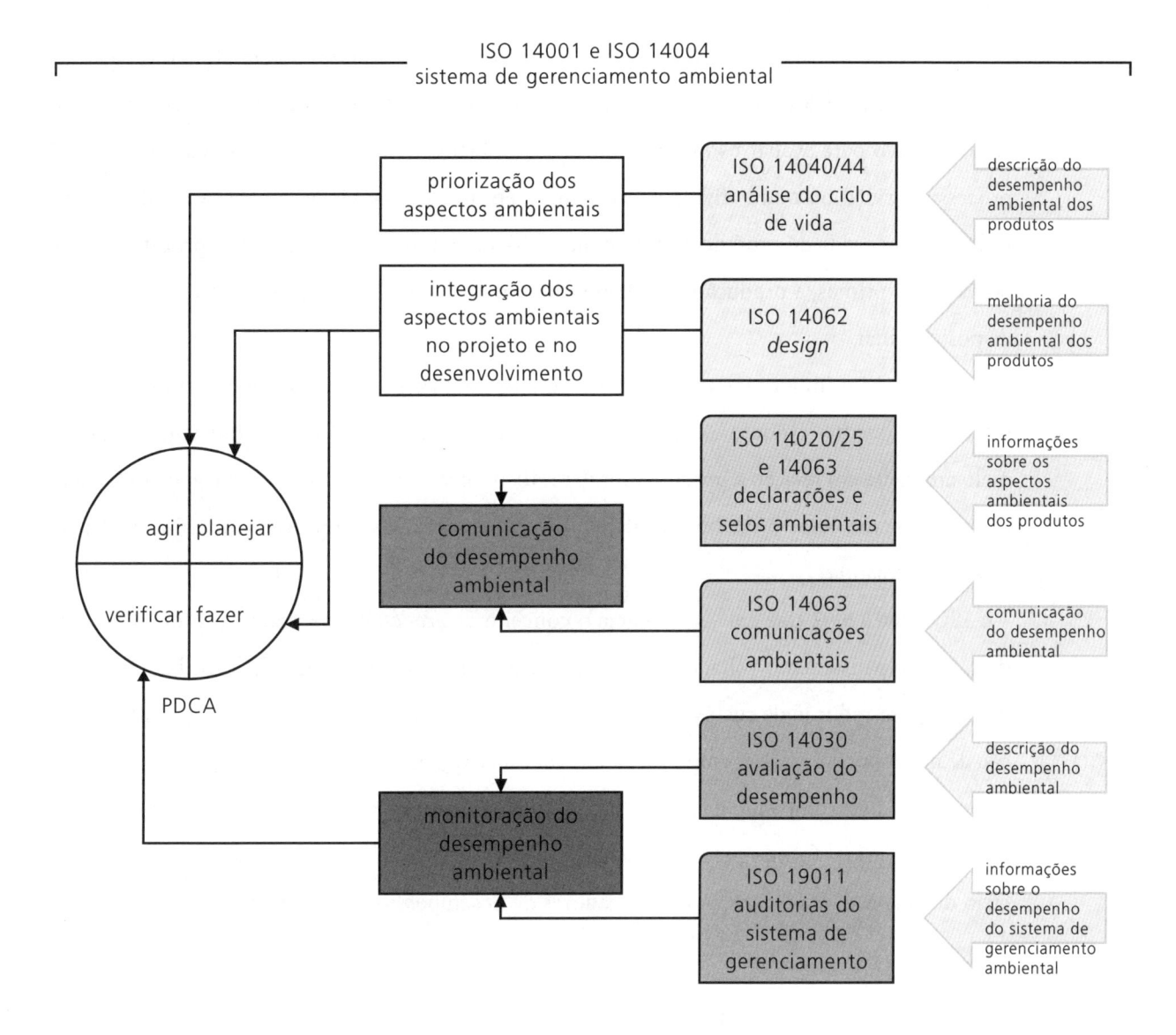

ISO 14001 e ISO 14004
sistema de gerenciamento ambiental

- priorização dos aspectos ambientais → ISO 14040/44 análise do ciclo de vida ▷ descrição do desempenho ambiental dos produtos
- integração dos aspectos ambientais no projeto e no desenvolvimento → ISO 14062 *design* ▷ melhoria do desempenho ambiental dos produtos
- comunicação do desempenho ambiental ← ISO 14020/25 e 14063 declarações e selos ambientais ▷ informações sobre os aspectos ambientais dos produtos
- ← ISO 14063 comunicações ambientais ▷ comunicação do desempenho ambiental
- monitoração do desempenho ambiental ← ISO 14030 avaliação do desempenho ▷ descrição do desempenho ambiental
- ← ISO 19011 auditorias do sistema de gerenciamento ▷ informações sobre o desempenho do sistema de gerenciamento ambiental

PDCA: agir | planejar | verificar | fazer

Fonte: Adaptado de CAJAZEIRA; BARBIERI, 2008, p. 6.

É possível verificar que as normas estabelecem um sistema de gestão ambiental (SGA), que se inicia com a ISO 14001, a qual é complementada e expandida pela ISO 14004. A ISO 14040/44 e a ISO 14062 avaliam o ciclo de vida e o impacto causado pelos produtos, seu desempenho em termos ambientais e a capacidade de adaptação às necessidades ambientais.

Já a ISO 14020/25 e a ISO 14063 regulam as formas de comunicação que devem ser utilizadas na área ambiental, as características de certificação, declaração e selos ambientais, tanto na área organizacional quanto na comunicação relativa aos produtos. Finalmente, existem a ISO 14030 e a ISO 19011, que, respectivamente, cuidam da avaliação de desempenho e das auditorias do sistema de gerenciamento ambiental (a ISO 19011 refere-se até mesmo às auditorias para as Normas Série ISO 9000).

Alguns conceitos importantes devem ser explicitados para o perfeito entendimento das normas. O primeiro deles refere-se à avaliação do ciclo de vida do produto (ACV), que é um processo objetivo para avaliar os impactos no meio ambiente e na saúde, associado a um produto, processo, serviço ou outra atividade econômica, em todo o seu ciclo de vida. A análise inclui todo o ciclo de vida do produto, processo ou atividade, abrangendo a extração, o processamento de matérias-primas, a produção, a distribuição, o uso, o reuso, a manutenção, a reciclagem e a disposição final.

Outro conceito importante e fundamental é o de rotulagem ambiental, que se traduz na certificação de que um produto é adequado ao uso a que se propõe e apresenta impacto menor no meio ambiente em relação a produtos similares disponíveis no mercado. A rotulagem ambiental, conhecida como *Selo Verde*, é praticada em diversos países, tais como Alemanha, Suécia, Japão, Canadá e Holanda.

A ISO 14062:2002 traz em sua essência o conceito de *ecodesign*, que traduz o projeto do produto com o pensamento voltado ao meio ambiente e, a partir disso, traz diversos benefícios às organizações: redução de custos, melhor desempenho ambiental, estímulo à inovação, identificação de novas oportunidades empresariais, melhoria na qualidade do produto. Um grande desafio à consideração do ambiente na análise de produtos é a integração destes ao meio ambiente. São propostas algumas formas para aperfeiçoar essa integração, que deve iniciar-se com a análise do ciclo de vida e com a utilização de indicadores de desempenho. Algumas diretrizes são listadas a seguir:

» utilizar no produto o mínimo de matérias-primas;
» identificar e facilitar a reciclagem do produto;
» utilizar materiais reciclados (especialmente os não renováveis);
» considerar a energia consumida durante a vida útil do produto;
» aumentar o máximo a vida útil do produto;
» priorizar a utilização de serviços em vez de produtos;
» questionar as situações tidas como permanentes, não aceitar a expressão "sempre fizemos assim e deu certo".

> *Sobre o ecodesign*
>
> O Prêmio *Ecodesign*/Fiesp é realizado a cada dois anos, no intuito de estimular o desenvolvimento de produtos de maneira sustentável, em todo o seu ciclo de vida, desde a escolha da matéria-prima, passando pelo processo produtivo, até a embalagem e a distribuição. Outros prêmios são instituídos no país, tais como o Prêmio Fiesp de Conservação e Reuso de Água.*
>
> A *Ecodesign-Net* é uma comunidade virtual, com mais de 145 membros (universidades, organizações não governamentais, empresas privadas, órgãos governamentais), que estabelece parceria entre o Centro de Gestão Estratégica do Conhecimento em C&T – CGECon, do Ministério das Relações Exteriores (MRE), e a Associação Brasileira de Instituições de Pesquisa Tecnológica (Abipti).**

Apesar de não ter sido objeto deste estudo, existem as Normas Série ISO 14064, partes 1, 2 e 3, em vigência a partir de 2007, que se propõem a cuidar e monitorar as mudanças climáticas. No caso específico, são monitorados os chamados *gases estufa*, estabelecendo-se especificações para a quantificação, o monitoramento e a comunicação de emissões e a absorção por entidades, por projetos. A parte 3 foca na especificação e nas diretrizes para a validação, a verificação e a certificação.

Torna-se clara e evidente a importância das considerações ambientais nos parâmetros de qualidade das pessoas e das organizações, pois o impacto causado pelos bens e pelos serviços somente poderá transmitir a qualidade esperada se vier revestido de características de qualidade ambiental.

Para saber mais

» Busque uma oportunidade e leia as normas ISO Série 9000 em sua estrutura. Lembre-se que as normas também evoluem.

» Pesquise os anexos da NBR ISO 10002:2005.

» Pesquise quais são as normas e requisitos que estão ligados à gestão ambiental.

---

* Informações mais específicas disponíveis em: <http://www.fiesp.com.br/ambiente/area_tematicas/default.aspx>.
** Informações mais específicas disponíveis em: <http://www.abipti.org.br> e <http://cgecon.mre.gov.br>.

10.2 ISO 26000 e NBR 16001

A ISO está desenvolvendo uma norma internacional que fornecerá orientações sobre a responsabilidade social (RS). A orientação padrão, a ser publicada em 2010, designada como *ISO 26000*, será voluntária, uma vez que os conceitos que envolvem a responsabilidade social não são uniformes no mundo e dependem das condições dos países. Assim, a norma não incluirá exigências e não vai ser destinada à certificação. A ISO escolheu o Sueco Standards Institute (SIS) e a ABNT para liderar o grupo de trabalho sobre responsabilidade social (WG SR), ao qual foi atribuída a tarefa de elaborar uma norma internacional de responsabilidade social.

Apesar de a norma ainda não estar finalizada, sua estrutura já foi delineada pelo grupo de trabalho, através da ISO, e está representada no quadro a seguir.

quadro 10.2

estrutura da ISO 26000

seção	conteúdo ISO 26000
0	introdução
1	objetivo da norma
2	referência normativa
3	termos e definições
4	o contexto da RS no qual todas as organizações operam
5	princípios relevantes de RS para as organizações
6	orientações e cuidados com questões de RS
7	orientações para as organizações na implementação de RS
8	orientações complementares

No Brasil, a ABNT tem como requisitos para um sistema de gestão de responsabilidade social a ABNT NBR 16001:2004. Estruturada de forma diferente das normas ISO*, a ABNT NBR 16001:2004 tem como objetivo "prover às organizações os elementos de um sistema de gestão da responsabilidade social eficaz, passível de integração com outros requisitos de gestão", de forma a atingir os objetivos. Os requisitos constituem a essência da norma e foram estruturados para permitir a melhoria contínua nas organizações. A norma enfatiza que, para o sucesso do sistema,

---

* Neste caso, a ISO ainda não finalizou a ISO 26000, de tal forma que ainda não pode ser adotada pelas organizações.

é essencial o comprometimento de todos os níveis e funções da organização, especialmente a alta administração. Baseia-se na concepção de desenvolvimento sustentável, traduzida por três preceitos para se configurar a responsabilidade social: sustentabilidade econômica, sustentabilidade ambiental e sustentabilidade social.

A seção dois uniformiza a terminologia e padroniza definições utilizadas na área de responsabilidade social. A seção três está subdividida em seis subitens, dos quais cinco preconizam a melhoria. No subitem 3.1 são enunciados os requisitos gerais do sistema da gestão da responsabilidade social. O subitem 3.2 traz os critérios para a definição da política da responsabilidade social, enquanto o 3.3 estabelece as características necessárias ao planejamento do sistema e vincula o planejamento à política da responsabilidade social e, consequentemente, a implantação e a operação do sistema, com ênfase especial em competência, treinamento e conscientização, comunicação e controle operacional (todos integrantes do subitem 3.4).

Os requisitos de documentação são reservados ao subitem 3.5, e finalmente a medição, a análise e a melhoria, no subitem 3.6, completam o padrão das normas que seguem o ciclo PDCA.

Em aplicação à norma SA 8000®, existe uma outra norma, delineada pela Social Accountability International (SAI), a qual define como requisitos de responsabilidade social os seguintes temas: trabalho infantil; trabalho forçado; saúde e segurança; liberdade de associação e direito à negociação coletiva; discriminação; práticas disciplinares; horário de trabalho; remuneração; sistemas de gestão (Social Accountability International, 2001).

Além disso, essa norma considera também critérios de gestão para sistemas de gestão de responsabilidade social que incluem uma estrutura de gestão similar à da ISO 9000, apresentada anteriormente. No Brasil, são 91 certificações, o que representa 6,63% das certificações da SAI, com 54.721 trabalhadores, ou seja, 8,05% do total em 29 indústrias* (Social Accountability International, 2007).

Dentro dos critérios de qualidade para as organizações, a responsabilidade social é vista pelos clientes, pelos consumidores e pelas organizações como itens que denotam o nível de qualidade atingido pela instituição em seus procedimentos e, consequentemente, na elaboração de bens e serviços. Essa questão agrava-se ainda mais no Brasil, com as recorrentes notícias de trabalho escravo, trabalho realizado por crianças (que deveriam estar na escola) e outras práticas que, apesar de abomináveis, estão presentes nas sociedades. Fica claro e evidente que o conceito de

---

* Os dados se referem a junho de 2007.

qualidade abordado pela responsabilidade social transcende, mas não isenta as organizações de contribuírem para a sua melhoria.

Síntese

A qualidade não deve somente ser aplicada ou utilizada. Muitas vezes, devemos colocá-la a prova e verificar sua consistência. Muitos processos são considerados de qualidade em função das avaliações efetuadas. Essas avaliações podem ser representadas pelas normas, especialmente as normas da série ISO 9000 que foram ampliadas. Verificamos as normas da série ISO 14000, que tratam do tema ambiental, e destacamos uma norma para utilização em um dos itens mais importantes o cliente, através da norma ISO 10002:2005. Como destaque especial e já considerado pelas organizações, a utilização das normas de Responsabilidade Social.

questões para revisão

1. Qual é o objetivo principal da Norma Série ISO 9000?
2. Quais são as características principais da NBR ISO 9000?
3. Quais são os princípios orientadores da NBR ISO 10002:2005? Justifique cada um deles.
4. Quais são os requisitos para um sistema de gestão ambiental?
5. Quais são os requisitos para um sistema de responsabilidade social?

questões para reflexão

1. Pesquise quais são as normas e os requisitos que estão ligados à gestão da responsabilidade social ambiental e reflita sobre a importância deste monitoramento nas organizações.
2. Reflita sobre os impactos provindos da aplicação da gestão de responsabilidade social em uma organização que nunca tenha se envolvido com estes aspectos.

Para concluir...

É fundamental a compreensão do potencial de utilização das ferramentas da qualidade de forma sinérgica, uma vez que elas não têm o efeito máximo se forem empregadas individualmente. O exercício de aplicação apresentado no capítulo oito evidencia essa afirmativa de tal forma que o leitor jamais pensará nas ferramentas da qualidade de forma individualizada ou fora de um processo de gestão da qualidade.

Concentramos nossa atenção nas ferramentas para a qualidade de utilização mais usual, bem como nos passos necessários para a obtenção e a coleta de dados, obtidos por meio da técnica de estratificação com as anotações realizadas nas folhas de verificação.

Foram incluídos conceitos básicos de estatística, a fim de relembrar ao leitor alguns critérios e conceitos necessários à análise dos resultados e elementos obtidos com a aplicação das ferramentas estatísticas voltadas à qualidade.

Além disso, as ferramentas fornecem instrumentos para que a organização estabeleça elementos da qualidade para conseguir a melhoria de seus processos. A combinação correta das ferramentas, com a análise de processos (como demonstrado), permite à organização que obtenha a melhoria na qualidade e a adequada execução dos processos operacionais e gerenciais.

A parte final trouxe para o contexto deste livro as normas para a qualidade, que, em um primeiro momento, podem parecer não estar relacionadas com o contexto da qualidade. Entretanto, as normas imprimem um padrão de conduta e procedimentos às organizações.

Organizações de qualidade são previsíveis em suas ações, não somente em ações para a qualidade de produto, mas também em ações voltadas à responsabilidade ambiental e social. Desse modo, o objetivo maior da análise da normalização é demonstrar que elas não atingirão seus objetivos se as ferramentas da qualidade não forem utilizadas de forma sinérgica.

Essa sinergia é reconhecida pelo mercado por meio dos prêmios específicos voltados à qualidade e dos prêmios que consideram a excelência empresarial. Os critérios de excelência do PNQ vão além do sistema de gestão da qualidade proposto pela ISO 9000 ou do sistema de gestão ambiental proposto pela ISO 14000.

Levar a organização aos mais elevados degraus da qualidade implica um sucesso organizacional baseado na gestão pela qualidade daqueles elementos que são exigidos pelo mercado. É certo, pois, que as exigências no futuro não se limitarão àquelas que analisamos no texto; novas exigências serão incorporadas, o que ocorrerá se tivermos atendido às anteriores.

Devemos alertar, por fim, quanto à necessidade fundamental de fazer com que o funcionário das organizações perceba a importância da qualidade em todos os passos de sua vida, transmitindo tal conceito, na medida do possível, a outras pessoas da organização e até mesmo de seu convívio social. A qualidade deve ser realizada com vistas ao benefício das pessoas, de forma direta ou indireta, por meio das organizações ou das pessoas.

referências

AMBROZEWICZ, P. H. L. **SIQ-C**: metodologia de implantação: procedimentos, serviços e materiais. Curitiba: Senac/Departamento Regional do Paraná, 2003.

ABNT – Associação Brasileira de Normas Técnicas. **ISO/TR 14062**: gestão ambiental: integração de aspectos ambientais no projeto e desenvolvimento do produto. Rio de Janeiro, 2002.

____. **ISO 14064**: atendimento à emergência no transporte terrestre de produtos perigosos. Rio de Janeiro, 2003.

____. **NBR 16001**: responsabilidade social: sistema de gestão: requisitos. Rio de Janeiro, 2004.

____. **NBR ISO 10002**: gestão da qualidade: satisfação do cliente: diretrizes para o tratamento de reclamações nas organizações. Rio de Janeiro, 2005.

____. **NBR ISO 14001**: sistema da gestão ambiental: requisitos com orientação para uso. Rio de Janeiro, 2004.

____. **NBR ISO 9001**: sistemas de gestão da qualidade: requisitos. Rio de Janeiro, 2008.

____. **NBR ISO 9004**: sistemas de gestão da qualidade: diretrizes para melhorias de desempenho. Rio de Janeiro, 2010.

CAJAZEIRA, J. E. R.; BARBIERI, J. C. **A nova norma ISO 14.001**: atendendo à demanda das partes interessadas. Disponível em: <http://www.cempre.org.br/artigos.php>. Acesso em: 20 mar. 2008.

CARVALHO, M. M.; PALADINI, E. P. **Gestão da qualidade**: teoria e casos. São Paulo: Atlas, 2005.

CRUZ, T. **Sistemas, organização e métodos**: estudos integrados das novas tecnologias de informação. 2. ed. São Paulo: Atlas, 1998.

DAVIS, M. M.; AQUILANO, N. J.; CHASE, R. B. **Fundamentos da administração da produção**. 3. ed. Porto Alegre: Bookman, 2001.

DELLARETTI FILHO, O.; DRUMOND, F. B. **Itens de controle e avaliação de processos**. Belo Horizonte: Fundação Christiano Ottoni, 1994.

FALCONI, V. **Gerenciamento da rotina**. Belo Horizonte: Fundação Christiano Ottoni, 1994.

____. **Qualidade total**: padronização de empresas. 3. ed. Belo Horizonte: Fundação Christiano Ottoni, 1991.

FEIGENBAUM, A. V. **Controle da qualidade total**. São Paulo: Makron Books, 1994. 4 v.

FUNDAÇÃO NACIONAL DA QUALIDADE. **Conceitos fundamentais da excelência em gestão**. São Paulo, 2006.

FUNDAÇÃO NACIONAL DA QUALIDADE. **Critérios de excelência**: avaliação e diagnóstico da gestão organizacional. São Paulo, 2008.

ISO – International Organization For Standardization. **About ISO**. Disponível em: <http://iso.org/iso/about/discover-iso_what-standards-do.htm>. Acesso em: 20 mar. 2008.

____. **Action Plan for developing countries 2005-2010**. Genève, 2004.

KUME, H. **Métodos estatísticos para a melhoria da qualidade**. São Paulo: Gente, 1993.

KWASNICA, E. L. **Introdução à administração**. São Paulo: Atlas, 1984.

MARANHÃO, M. **ISO série 9000**: versão 2000 – Manual de implementação. 8. ed. Rio de Janeiro: Qualitymark, 2006.

MARTINS, P. G.; LAUGENI, F. **Administração da produção**. 2. ed. São Paulo: Saraiva, 2005.

MONTGOMERY, D. C. **Introdução ao controle estatístico da qualidade**. 4. ed. Rio de Janeiro: LTC, 2004.

MOTOROLA. **About Motorola**. Disponível em: <http://www.motorola.com.br>. Acesso em: 23 fev. 2008.

OLIVEIRA, D. de P. R. de. **Planejamento estratégico**: conceitos, metodologias e práticas. 19. ed. São Paulo: Atlas, 2003.

PALADINI, E. P. **Avaliação estratégica da qualidade**. São Paulo: Atlas, 2002.

POMPILHO, S. **Análise essencial**: guia prático de análise de sistemas. Rio de Janeiro: Ciência Moderna, 2002.

PROJECT MANAGEMENT INSTITUTE. **Um guia do conjunto de conhecimentos em gerenciamento de projetos**. 3. ed. Pennsylvania, 2004. (Guia PMBOK). Disponível em: <http://www.widebiz.com.br/ebooks/delemos/pmbok08.pdf>. Acesso em: 6 jun. 2008.

ROTONDARO, R. G. (Org.). **Seis Sigma**: estratégia gerencial para a melhoria de processos, produtos e serviços. São Paulo: Atlas, 2006.

SANT'ANA, R. F.; BLAUTH, R. **Gestão da qualidade**. Curitiba: ISPG, 1999. Apostila.

SAI – Social Accountability International. **10th Anniversary Report**. New York, 2007.

____. **SA8000**. New York, 2001.

STADLER, H. **Estratégias para a qualidade**: o momento humano e o momento tecnológico. Curitiba: Juruá, 2005.

apêndice

prêmio nacional da qualidade*

A Fundação Nacional da Qualidade (FNQ), instituída em 11 de outubro de 1991, é uma organização não governamental sem fins lucrativos, fundada por 39 organizações, privadas e públicas, para administrar o Prêmio Nacional da Qualidade® (PNQ). Tem a missão de disseminar os Fundamentos da Excelência em Gestão, para promover o aumento da competitividade das organizações e do Brasil. O Modelo de Excelência da Gestão® (MEG) é concebido anualmente para permitir a evolução de seus critérios e fundamentos, mantendo-se atualizado quanto aos parâmetros aceitáveis de mercado. Para o ano de 2010, tem como base os **fundamentos da excelência**, constituídos por oito critérios:

1. **Liderança** – São avaliados o sistema de liderança utilizado na organização, a cultura da excelência e o quanto a organização está voltada a ela. Analisa também o desempenho da organização.
2. **Estratégias e planos** – São avaliadas a formulação e a implementação das estratégias e como elas impactam a organização voltada à excelência.
3. **Clientes** – Este critério diz respeito a como a organização é conhecida no mercado e a qual imagem é transmitida a ele, além de se referir à forma como estão definidos os parâmetros de relacionamento com os clientes.

---

* Este apêndice é baseado em:

FUNDAÇÃO NACIONAL DA QUALIDADE. **Conceitos fundamentais da excelência em gestão.** São Paulo, 2006.

____. **Critérios de excelência**: avaliação e diagnóstico da gestão organizacional. São Paulo, 2008.

4. **Sociedade** – São considerados o impacto que a organização causa na sociedade, as aplicações de responsabilidade social e ambiental, o modo como a organização é vista pela sociedade, o desenvolvimento social que causa e seu padrão de ética.
5. **Informações e conhecimento** – A análise considera todas as informações da organização comparativamente às outras de mesmo segmento de mercado, além de avaliar os ativos intangíveis em termos de *know-how*.
6. **Pessoas** – São avaliadas as pessoas e seu sistema de trabalho; a capacitação, o desenvolvimento e a qualidade de vida também são consideradas na análise de desempenho da organização.
7. **Processos** – São avaliados os processos principais dos negócios, os processos de apoio, de relacionamento com os fornecedores e a estrutura dos processos econômico-financeiros.
8. **Resultados** – Finalmente são considerados, para análise, os resultados econômico-financeiros, os relativos aos clientes e ao mercado, os relativos à sociedade e às pessoas, os resultados dos processos principais do negócio e de apoio e, ainda, os resultados relativos aos fornecedores.

Os critérios de excelência devem ter como fundamentos:

- pensamento sistêmico;
- aprendizado organizacional;
- cultura da inovação;
- liderança e constância de propósitos;
- orientação por processos e informações;
- visão de futuro;
- geração de valor;
- valorização das pessoas;
- conhecimento sobre o cliente e o mercado;
- desenvolvimento de parcerias;
- responsabilidade social.

Fica claro que o componente de gestão e o componente de qualidade direcionam a avaliação das organizações pelos critérios adotados pelo PNQ®.

As inter-relações entre os fundamentos e os critérios de excelência podem ser visualizadas na matriz de taxonomia proposta pela FNQ, representada na figura a seguir.

figura A

fundamentos *versus* critérios de excelência

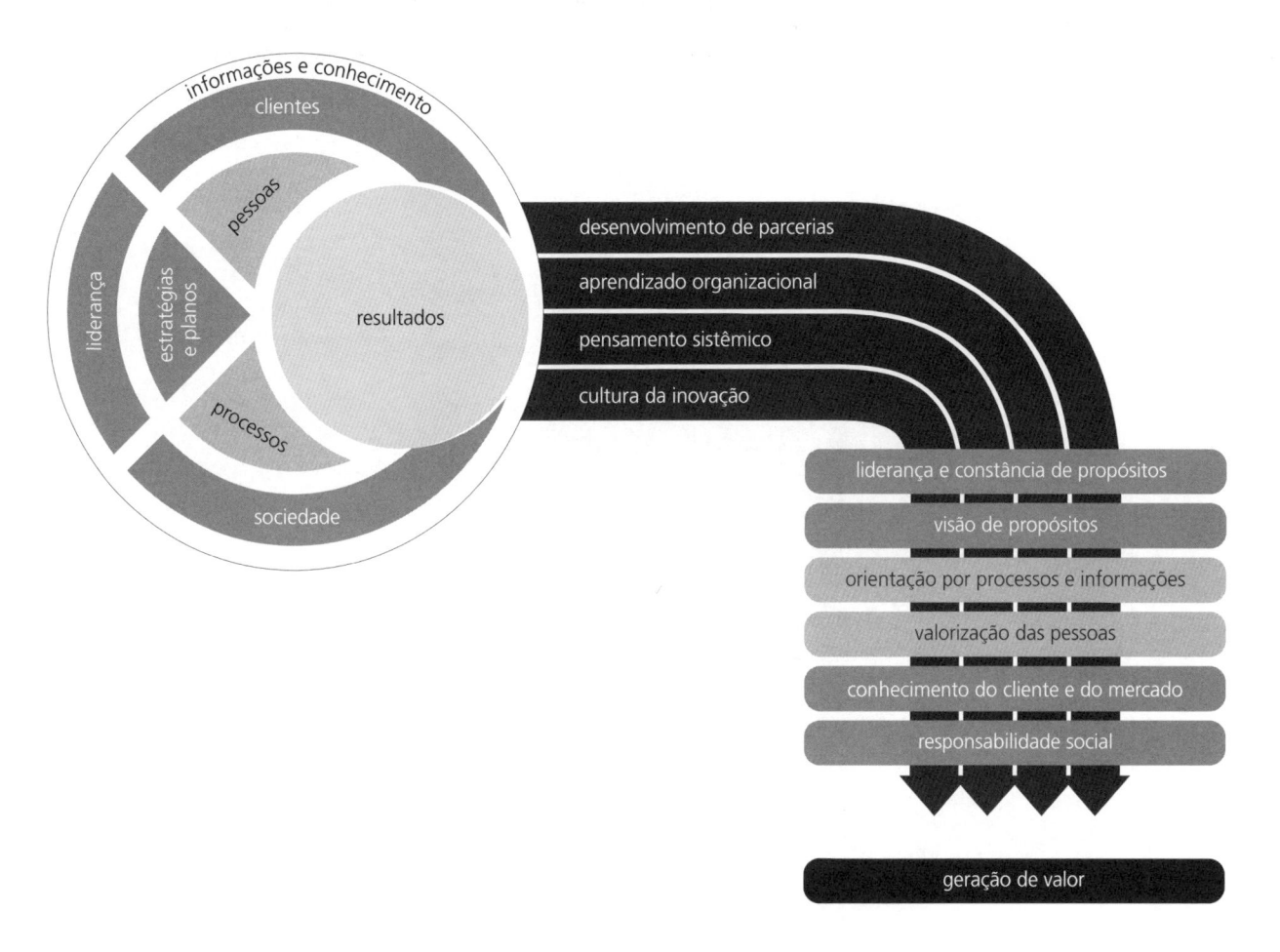

[Figura: esfera contendo os critérios — informações e conhecimento, clientes, pessoas, liderança, estratégias e planos, processos, sociedade, resultados — relacionada aos fundamentos: desenvolvimento de parcerias, aprendizado organizacional, pensamento sistêmico, cultura da inovação, liderança e constância de propósitos, visão de propósitos, orientação por processos e informações, valorização das pessoas, conhecimento do cliente e do mercado, responsabilidade social → geração de valor.]

Na esfera estão contidos os critérios de excelência, e os itens restantes compõem os fundamentos relacionados aos critérios de excelência esperados. O prêmio é dado à organização que melhor desempenho tiver quanto aos critérios estabelecidos pela FNQ através do modelo do PNQ. É importante destacar que tais critérios elevam o padrão de gestão organizacional.

As organizações premiadas buscam constantemente a evolução na excelência em gestão, e os padrões vão em direção à melhoria contínua da qualidade, agregando as normas mais atuais de gestão em sua avaliação. Entre elas estão os preceitos da gestão da qualidade, da gestão ambiental, da responsabilidade social, da segurança e da saúde no trabalho.

Existem diversos prêmios instituídos ao redor do mundo que preconizam a qualidade como fator fundamental de desempenho das organizações. Apresentamos, neste capítulo, as normas gerais de gestão, consideradas mais importantes para as organizações nacionais, incluindo-se os preceitos adotados pelo PNQ.

respostas

Capítulo 1

Questões para revisão

1. Juse é o acrônimo para *Union of Japanese Scientists and Engineers*, grupo criado em Maio de 1946 e autorizado como fundação da Agência de Ciência e Tecnologia do Governo Japonês. O objetivo da Juse é promover estudos sistemáticos e necessários para o avanço da ciência e tecnologia, contribuindo para o desenvolvimento da cultura e da indústria.
2. Os atributos da qualidade que permitem a sobrevivência das organizações são: moral, qualidade intrínseca, entrega, custo e a segurança;
3. Sim os atributos da qualidade podem ser utilizados para bens e serviços, como a seguir:

Atributo	Bens	Serviços
Moral	Treinamento para o trabalho	Treinamento para o atendimento
Qualidade intrínseca	Qualidade física do bem	Qualidade no atendimento
Entrega	Local certo, hora certa, quantidade certa	Produção adequada a necessidade do cliente
Custo	Custo de produção / esforço na escolha	Custo da prestação / esforço na escolha
Segurança	Segurança interna / segurança externa	Competência do prestador de serviços

4. O moral é a base dos atributos da qualidade, tendo em vista que é a partir dele, do estado de espírito do trabalhador, que são fundados os outros, qualidade, entrega, custos e segurança, que são melhorados em função do moral.

Capítulo 2

Questões para revisão

1. O método é a realização da sequência lógica para se atingir o objetivo e a ferramenta é o recurso necessário para a realização da sequência. Os dois, agindo de forma integrada, permitem estabelecer soluções para os problemas de qualidade.

2.

a. O ciclo PDCA é uma estruturação, um método em que neles são elencados procedimentos de realização que se traduzem em quatro fases distintas: planejar, fazer, checar e agir.

b. As ações do processo do PDCA se revestem em: 1. Determinar os objetivos e metas; 2. Determinar os métodos para alcançar os objetivos; 3. Executar o trabalho; 4. Engajar-se em educação; 5. Averiguar os efeitos e a execução e, finalmente, 6. agir apropriadamente.

c. É na fase de conclusão que se consolidam os objetivos do Masp e são também relacionados os objetivos secundários a serem estudados e a implementação de uma cultura voltada a efetivação da solução encontrada.

d. O ciclo PDCA traduz-se em planejar, fazer, checar e agir, enquanto as funções básicas da administração são: planejar, organizar, liderar e controlar muito próximos.

3.
a. Modelo sistêmico para projeto do produto: geração da ideia, filtro organizacional, elaboração do protótipo, validação do produto, introdução no mercado;
b. Modelo sistêmico para desenvolvimento do processo: i) análise da necessidade; ii) identificação das técnicas; iii) escolha das técnicas; iv) implementação das técnicas; v) validação do processo;
c. Modelo sistêmico para controle: i) determinação do processo; ii) determinação das ferramentas; iii) elaboração de uma planilha de verificação; iv) implementação da ferramenta de controle; v) análise dos dados; vi) ajustes no controle;
4. Soma sinérgica significa que a soma das partes não representa o resultado final, que sempre é maior. Assim, quando dizemos que existe sinergia entre elementos significa que obteremos um resultado melhor do que se utilizássemos cada elemento individualmente.

Capítulo 3

Questões para revisão

1. A qualidade na organização moderna deixou de ser um modismo porque os clientes e a organização exigem produtos de qualidade e processos de qualidade. Produtos que não tiverem qualidade fundamental não têm mais como sobreviver à concorrência, uma vez que seus custos são maiores em processos não consistentes.
2. A abordagem filosófica implica que a utilização dos cinco sensos tenha de ser aceita pela organização e pelo trabalhador e não imposta. A aceitação implicará em uma mudança de postura organizacional, em que ambos se beneficiarão com a implementação dos procedimentos. A aceitação implica que os interlocutores tenham um caminho comum a ser seguido, em que a variação é reduzida, proporcionando ganho para ambos.
3. Podemos exemplificar em uma prestação de serviço, quando nos propomos a projetá-lo, ou seja, em como ele será desempenhado; em nosso caso, em um atendimento bancário, no qual o cliente necessita de um serviço do caixa, por

exemplo, o pagamento de uma conta exclusiva. Ao delimitarmos a finalidade podemos delimitar também o grau de detalhamento do *"How"*, nesse caso devemos finalizar com a conclusão do atendimento ao cliente, que é o objetivo do processo. Percebe-se, então, que os elementos dos 5W e 2H estão intimamente ligados entre si.

4. Os cinco porquês são utilizados quando queremos identificar a real origem do problema; é um procedimento auxiliar no processo de identificação e busca pela real origem do problema, o que é fundamental para uma solução integral e consistente.

Capítulo 4

Questões para revisão

1. Com as ideias geradas e não aproveitadas pela organização no momento, poderemos criar um banco de ideias. Tal alternativa é viável se pudermos considerar no futuro sua utilização. Poderemos também selecionar aquelas manifestamente diferenciais e negociá-las/agenciá-las junto a organizações interessadas.
2. O diagrama de afinidades é composto de seis passos. Cada passo nos leva a uma segmentação planejada em direção a um objetivo. Em nosso caso, servem para identificarmos soluções para um problema específico, em que não conseguimos preliminarmente separar, estruturar os itens de análise. O cartão, nesse processo, representa o agrupamento dos elementos ou itens similares; assim, para cada agrupamento há um cartão indicativo.
3. Por ser uma ferramenta que busca as melhores práticas dos concorrentes, ela se torna controvertida. Em uma primeira análise, poderemos confundi-la com espionagem, pois busca, preliminarmente, as melhores práticas dos concorrentes. Entretanto, existem diversos setores que podem se beneficiar da prática sem que isso seja tido como ilegal, ou imoral. Por exemplo, empresas brasileiras e, até mesmo estrangeiras de energia não são competidoras entre si, tendo o processo como válido.

Capítulo 5

Questão para revisão

1. Os dados são representados pelos seguintes valores a seguir:
   - » Variável a ser analisada → espessura da chapa de madeira
   - » Tamanho da amostra → nove amostra com dez elementos cada uma
   - » Média → média geral das amostras = 9,18
   - » Mediana → 10,09
   - » Moda → Nesse caso, temos classe modal na faixa de 10,075-10,095
   - » Variância → 8,51
   - » Desvio médio → 1,669
   - » Desvio padrão → 2,918
   - » Valor mínimo → 10,17
   - » Valor máximo → 10,01
   - » Amplitude → 0,16
   - » Quartil inferior → 10,071
   - » Quartil superior → 10,172

   Os valores devem estar dentro das especificações propostas pelo sistema produtivo. Assim, se os valores estiverem dentro da norma, estão equilibrados e dentro dos parâmetros normais de qualidade.

Capítulo 6

Questões para revisão

1. Os dois maiores benefícios proporcionados pelo diagrama de Pareto são o auxílio na estruturação dos dados para tomada de decisão e a representação visual dos dados e de um possível resultado.
2. Os elementos de um diagrama de Ishikawa para uma derrota em uma partida de vôlei seguem a seguir lembrar que podemos ou não utilizar os 6 Ms como referenciais.

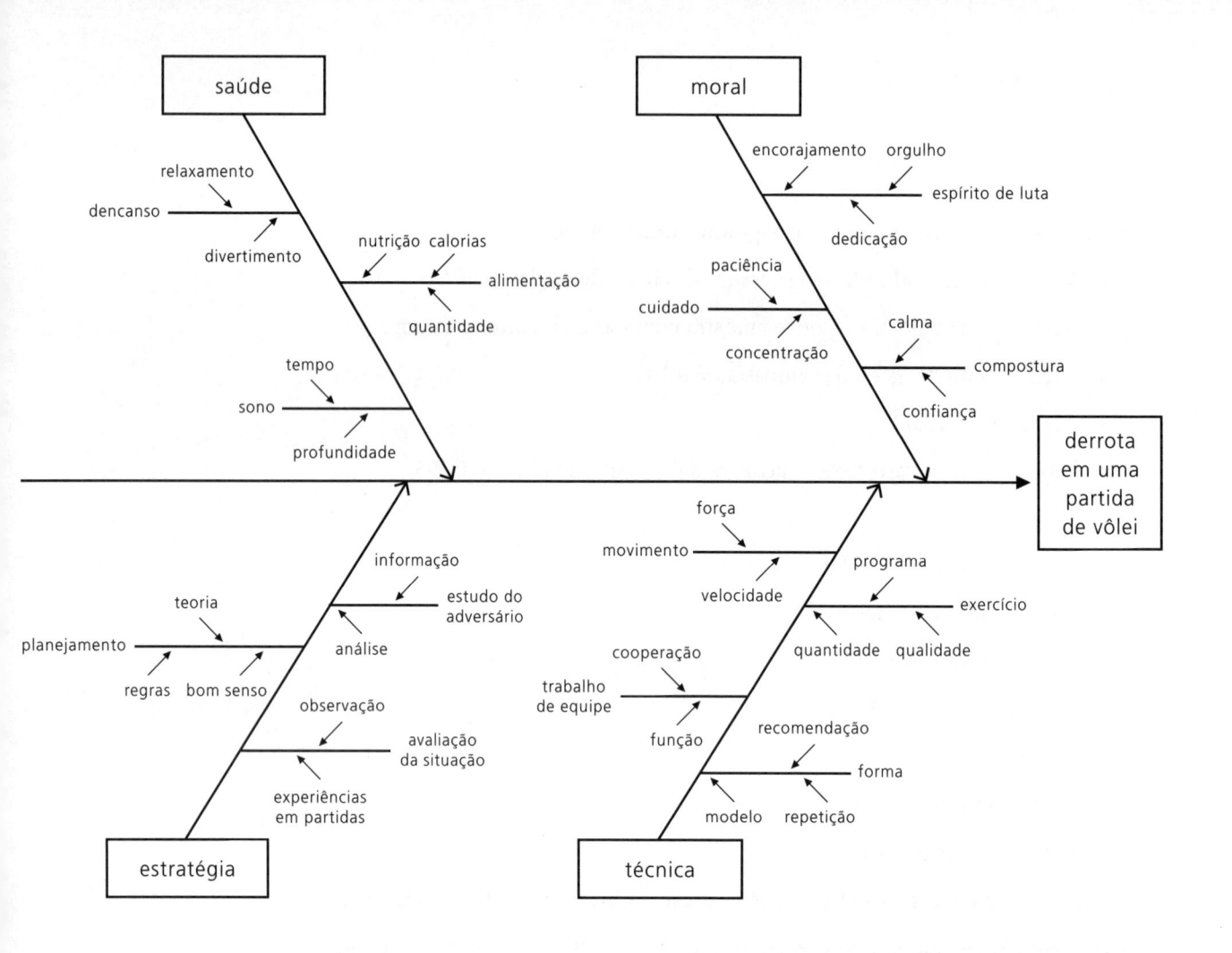

3. A dispersão é, na realidade, o quanto e como um processo varia. Assim, teremos grande dispersão se um processo variar muito em seus resultados. A dispersão indica o quanto um processo varia em função de uma diretriz base.
4. Considere o tamanho de uma mancha de tinta e a pressão de sopro de uma pistola de pintura. Sejam os seguintes valores, em que a variável A = mancha de tinta e a variável B = pressão de sopro.

Leitura	Variável A	Variável B
1	1,22	1,196
2	1,18	1,133
3	1,17	1,101
4	0,89	0,821
5	0,85	0,768
6	1,14	1,010
7	1,15	0,998
8	1,22	1,038
9	1,32	1,101
10	1,3	1,062
11	1,28	1,067
12	1,22	1,037
13	1,25	1,084
14	0,99	0,876
15	0,95	0,857
16	0,91	0,837
17	1,11	1,042
18	1,14	1,091
19	1,32	1,289
20	1,09	1,086
Médias	1,14	1,025

$y = 0{,}7922x + 0{,}1255$
$R^2 = 0{,}7665$

$S(xx) = 0{,}4049$
$S(yy) = 0{,}3315$
$S(xy) = 0{,}3208$

$r^2 = 0{,}766522$

$r = 0{,}875512$
Coef. correlação

$y = ax + b$ $b = S(xy)/S(xx)$ 0,7922 0,12553
$a = My - bMx$

Leitura	X	Y	X²	Y²	XY
1,00	1,22	1,20	1,49	1,43	1,46
2,00	1,18	1,13	1,39	1,28	1,34
3,00	1,17	1,10	1,37	1,21	1,29
4,00	0,89	0,82	0,79	0,67	0,73
5,00	0,85	0,77	0,72	0,59	0,65
6,00	1,14	1,01	1,30	1,02	1,15
7,00	1,15	1,00	1,32	1,00	1,15
8,00	1,22	1,04	1,49	1,08	1,27
9,00	1,32	1,10	1,74	1,21	1,45
10,00	1,30	1,06	1,69	1,13	1,38
11,00	1,28	1,07	1,64	1,14	1,37
12,00	1,22	1,04	1,49	1,08	1,27
13,00	1,25	1,08	1,56	1,17	1,35
14,00	0,99	0,88	0,98	0,77	0,87
15,00	0,95	0,86	0,90	0,73	0,81
16,00	0,91	0,84	0,83	0,70	0,76
17,00	1,11	1,04	1,23	1,09	1,16
18,00	1,14	1,09	1,30	1,19	1,24
19,00	1,32	1,29	1,74	1,66	1,70
20,00	1,09	1,09	1,19	1,18	1,18
Σ	22,70	20,49	26,17	21,33	23,58

Verificamos que existe uma forte correlação entre as variáveis uma vez que o coeficiente de correlação é igual a 0,876. Lembrar que os valores podem ser gerados diretamente em uma planilha eletrônica.

Capítulo 7

1. Problemas com um processo de pintura em geladeira

Problema	G	U	T	G · U · T
Pequeno brilho na pintura da geladeira	1	1	1	1
Manchas na pintura da geladeira	3	3	4	36
Pintura da geladeira com riscos	3	3	5	45
Pintura na geladeira descascando	2	1	1	2
Falha na pintura da geladeira	5	5	5	125

A análise demonstra que o maior problema são as falhas na pintura que não permitem qualquer correção imediata.

2. Não há distinção quanto ao percentual proposto para serviços ou um processo quantitativo, ambos tem 99,7% em sua faixa.

3. Cp = 1,33 indica que o processo atende com sobras as exigências requeridas. Nesse caso cabe uma análise mais aprofundada, uma vez que o processo está acima das especificações, indicando um consumo inadequado de recursos.

4. O índice de inspeção 100% pode ser justificável em processos em que o índice de capacidade é inferior a 1,00, em função de que o processo produzirá, com certeza, itens defeituosos.

Capítulo 8

Questões para revisão

1. A diferença entre defeito e variação na gestão da qualidade está ou não no atendimento à especificação. Assim, defeito é a variação que está além da especificação.

2. Produto conforme significa que ele está de acordo com as especificações, enquanto o não conforme significa o não atendimento à elas.

3. A intuição não tem uma base científica, ou seja, não pode ser provada; consequentemente, não é um método adequado para a organização. A análise estatística com base em dados implica em que, se existir uma tendência de ocorrência de uma determinação ação, poderemos, com razoabilidade, identificar o momento e/ou a ocasião de ocorrência.

4. As ferramentas estudadas foram a estratificação e as folhas de verificação ou folhas de registro de dados.

5. A estratificação procura dividir, a partir da constatação de um problema, uma situação, de tal forma a identificar o problema de uma visão macro para uma visão micro, segmentando na direção do problema até encontrá-lo.

6. Ferramentas de pesquisa são questionários e entrevistas e podem ser estruturadas de forma pessoal ou impessoal e dissertativas ou objetivas.

7. As folhas de verificação apresentadas no texto são para distribuição do processo de produção, para item defeituoso.

8. *Design of experiments* é uma ferramenta que tem a finalidade de trazer para a organização aquilo que o cliente julga ter valor e que necessitará ser melhor explorado pela organização para prover diferenciais.

9. O diagrama de Pareto por causa procura ordenar os problemas em função de suas causas, ou seja, aquilo que lhe dá origem. Enquanto que o diagrama de Pareto por efeito ordenará os efeitos relativos aos problemas. Ambos são utilizados para possibilitar a melhor tomada de decisões.

10. O objetivo na utilização de gráficos de dispersão é o de relacionar duas ou mais variáveis e elaborar uma representação matemática do efeito.

11. As ferramentas para tomada de decisão auxiliam o gestor na direção da melhor decisão, baseada em um critério quando não há clareza da importância quantitativa. A matriz GUT é uma matriz que classifica o problema de acordo com a gravidade, a urgência e a tendência.

12. A finalidade é a geração de ideias, o *brainstorming* e o *brainwriting* são ferramentas diretas na geração de ideias, enquanto o diagrama de afinidade e o *benchmarking*, necessitam de maiores análises e validação em sua utilização.

Capítulo 9

Questões para revisão

1. As principais características da padronização são: ser mensurável, ser de fácil compreensão, ser de fácil utilização, ser democrático, ser baseado na prática, ser passível de revisão, possuir autoridade, possuir informação de vanguarda, ser voltado para o futuro e fazer parte de um sistema de padronização.

2. O nível de normalização por associação considera que existem normas elaboradas e que serão seguidas pelos seus associados. O nível de normalização internacional representa a aceitação das normas pelos países no estabelecimento de suas relações e interesses comuns.

3. ISO é o acrônimo para *International organization for standardization*, ou seja, organização internacional de padronização, criada em 1945 através dos representantes de 25 países que se uniram para a facilitação da coordenação internacional na unificação de normas industriais.

4. As normas representam um esforço de se estabelecer um padrão aceitável por todos os países envolvidos no comércio internacional, de tal forma que as relações entre os signatários fossem mais transparentes e equilibradas nesse particular.

5. O plano de ação é auxiliar esses países na identificação das necessidades, no desenvolvimento e preparação de manuais, documentação, sistemas de informação e promoção, incluindo a conscientização destes.

Capítulo 10

Questões para revisão

1. O objetivo das normas é o de fornecer parâmetros para prover internamente a organização com qualidade, além de fornecer uma certificação que se concentra na eficácia do sistema.

2. As características principais são: o foco no cliente, a liderança, engajamento das pessoas, a abordagem por processos, a abordagem sistêmica para a gestão, a melhoria contínua, a abordagem factual para a tomada de decisões e os benefícios mútuos nas relações com os fornecedores.

3. Os princípios são: a visibilidade, a acessibilidade, a prontidão nas respostas, a objetividade o ônus (traduzidos pelos custos), a confidencialidade, a abordagem com foco no cliente a responsabilidade e a melhoria contínua.

4. Os requisitos de um sistema de gestão ambiental são: requisitos gerais, política ambiental, aspectos ambientais, requisitos legais e outros, objetivos, metas e programas, recursos, funções, responsabilidades e autoridades, competência, treinamento e conscientização, comunicação, documentação do SGA. Controle de documentos, controle operacional, preparação e atendimento a emergência, monitoramento e medição, avaliação do atendimento a requisitos legais e outros, não conformidade, ação corretiva e ação preventiva, controle de registros, auditoria interna e análise crítica do sistema de gestão ambiental.

5. Os requisitos gerais de um sistema de gestão de responsabilidade social a ser implementado pela organização deve estabelecer, implementar, manter e continuamente aprimorar um sistema da gestão da responsabilidade social. Um segundo requisito é o estabelecimento de uma política de responsabilidade social, o planejamento, a implementação e operação, os requisitos de documentação a medição, análise e melhoria.

sobre os autores

Robson Seleme é doutor e mestre em Engenharia de Produção pela Universidade Federal de Santa Catarina (UFSC). Graduou-se em Engenharia Civil pela Universidade de Mogi das Cruzes-SP e concluiu MBA Internacional em Finanças pelo Instituto Brasileiro de Pós-Graduação e Extensão (Ibpex). Atualmente, é professor de pós-graduação da Pontifícia Universidade Católica do Paraná (PUCPR), do Ibpex, da Faculdade de Estudos Sociais do Paraná (Fesp) e da Universidade Tuiuti do Paraná (UTP). É também coordenador do curso de Engenharia de Produção da Faculdade Educacional de Araucária (Facear), coordenador e professor dos cursos de Gestão da Produção Industrial e de Logística da Faculdade de Tecnologia Internacional (Fatec Internacional), além de exercer a direção da empresa Valhala Empreendimentos Imobiliários Ltda. Tem experiência nas áreas de administração e engenharia, com ênfase em implantação de sistemas de informação gerencial e inteligência organizacional, desenvolvendo estudos principalmente com os seguintes temas: sistemas financeiros, sistemas de produção, sistemas de planejamento e projetos, transporte, análise logística e bens e serviços.

Humberto Stadler é doutor em Administração pela Universidad de León, Espanha, especialista em Administração Geral e Estratégica e graduado em Administração pela Universidade Estadual de Ponta Grossa (UEPG). Atualmente, é professor adjunto da UEPG e coordenador e professor de pós-graduação no Instituto Brasileiro de Pós-Graduação e Extensão (Ibpex). Tem experiência na área de administração, com ênfase em planejamento estratégico, desenvolvendo estudos principalmente com os temas "qualidade" e "telecomunicações".

Os papéis utilizados neste livro, certificados por instituições ambientais competentes, são recicláveis, provenientes de fontes renováveis e, portanto, um meio sustentável e natural de informação e conhecimento.

FSC
www.fsc.org
MISTO
Papel produzido a partir de fontes responsáveis
FSC® C114026

Impressão: Optagraf

Agosto/2019